KB057214

안중근 자서전

안중근 자서전

안중근安重根 지음

더스토리

차례

안응칠 역사

문재가 뛰어났던 아버지 —— 9

산 좋고 물 좋은 황해도 신천군으로 —— 13

동학당과의 전투에서 공을 세우고 —— 16

천주교인이 되다 —— 24

젊은 날의 행적들 —— 37

이웃의 억울한 사연을 돕다 —— 46

조선인의 설움을 겪다 —— 59

큰 뜻을 세우다 —— 66

블라디보스토크에서 결의하고 —— 77

의병을 일으키다 —— 91

패배에 굴하지 않고 —— 99

약지를 끊어 대한 독립을 맹세하다 —— 108

이토 히로부미를 쏘다 ____ 114

뤼순 감옥으로 ____ 124

일제의 억지 재판을 받고 ____ 131

영웅의 마지막 순간 ____ 140

동양평화론

서문 ____ 150

전감前鑑 ____ 156

현상現狀

복선伏線

문답問答

안중근 연보 168

안응칠 역사

1909년 12월 13일 음력 11월 1일
쓰기 시작하다.

문재가 뛰어났던
아버지

1879년(기묘년) 7월 16일, 대한국大韓國 황해도 해주부 수양산 아래에서 한 남자가 태어났으니, 성은 안安이요 이름은 중근重根이며, 자字는 응칠應七이다. (성격이 경솔하고 급한 편이라 이름을 중근이라 하고, 가슴과 배에 일곱 개의 검은 점이 있어 자를 응칠이라 하였다.)[1] 조부의 성함은 안인수安仁壽로, 성품이 인후하시고 가산이 풍족하며 자애로우셔서 도내의 저명한 자선가셨다. 일찍이 진해현감('진해'는 군명이고 '현감'은 관직명이다)을 역임하시고, 6남 3녀를

---

[1] 안중근의 이름은 무거울 중重에 뿌리 근根 자를 쓴다.

두셨다. 첫째 안태진安泰鎭, 둘째 안태현安泰鉉, 셋째 안태훈安泰勳 (나의 아버지이다), 넷째 안태건安泰健, 다섯째 안태민安泰敏, 여섯째 안태순安泰純이 육형제이다. 모두 글솜씨가 뛰어났지만 그중에서도 나의 아버지는 재주와 자질이 특출나셨다. 여덟·아홉 살에 사서삼경에 통달하셨고, 열서너 살에는 과문과 사륙체 한문을[2] 숙달하였다.

아버지가 통감을 읽을 때, 선생이 책을 펴고 한 글자를 가리키며 "이 글자부터 열 장 뒤에 있는 자는 무슨 글자인지 알겠느냐." 하고 물었다. 아버지는 조용히 생각하다 대답했다.

"알 수 있습니다. 분명 하늘 천天 자일 것입니다."

찾아보니 과연 그 말대로 하늘 천 자였다. 선생이 신기하게 여기고 다시 물어보았다.

"이 책을 거꾸로 거슬러 올라가 봐도 알 수 있겠느냐."

아버지는 "알 수 있다."고 대답하였는데, 이와 같이 십여 번을 시험해 봐도 앞으로나 뒤로나 모두 틀림이 없었다. 이

---

2 과문은 과거 시험용 문체를, 사륙체 한문은 형식이 엄격하고 수식이 화려하여 장식성이 강한 한문 문체를 말한다.

일을 들은 사람들이 모두 훌륭하다 칭찬하지 않음이 없었으며 아버지를 선동仙童[3]이라 불렀으니, 이로부터 명예가 원근에 파다했다.

중년에는 과거에 합격하여 진사가 되었으며, 조씨 부인을 배필로 맞아 삼남 일녀를 낳았으니 첫째가 안중근安重根(나이다), 둘째는 안정근安定根, 셋째는 안공근安恭根이다. 1884년(갑신년)[4] 경성으로 가서 머물고 있었을 때, 박영효朴永孝 씨가 나라가 위급하고 어지러운 것을 깊이 염려하여 정부를 혁신하고 국민을 개명시키고자 뛰어난 청년 70인을 선발해 외국 유학을 보내려 하였다. 나의 아버지 또한 선발되었으나, 오호라! 정부의 간신배들이 박영효 씨가 반역을 꾀한다고 모함하여 군대를 보내 붙잡으려 하였다. 이때 박영효 씨는 일본으로 도주하였지만, 뜻을 같이 한 사람들과 학생 등 몇몇은 살육당하거나 혹은 체포되어 멀리 유배되었다.[5] 우리 아버지는 몸을 피신하여 고향으로 돌아와 숨어

---

3 선계에 산다는 어린아이 신선.

4 번역 대본으로 삼은 『안중근전기전집』(국가보훈처, 1999)에는 1874년으로 되어 있다. 그러나 갑신년은 1884년이므로 수정 번역하였다.

5 갑신정변을 말한다. 급진개화파 박영효(1861-1939)는 갑신정변의 주역이었

살며 조부님과 서로 의논하여 말하기를 "나라가 날로 글러
져가니, 부귀공명을 도모할 바가 못 됩니다."라 하였다.

으나 뒤에 일본의 한일합병에 앞장선 친일파가 되었다. 갑신정변의 실패 이후
일본으로 도주하여 야마자키 에이하루川崎永春라고 개명하였다. 1894년 일본
정부의 입김으로 조선 내무대신이 되었으며, 한일합병 이후 일본에 협조한 공
로로 후작의 지위를 받고 일제의 꼭두각시 역할을 하였다.

산 좋고 물 좋은
황해도 신천군으로

아버지는 어느 날 "차라리 깊은 산에 들어가 구름 아래 밭 매고 달밤에 낚시하며 일생을 마치는 것이 낫겠다."라고 하시고, 가산을 팔고 재산을 정리하고는 마수레를 준비하여 7~80여 명의 식솔들을 이끌고 신천군信川郡[6] 청계동清溪洞 산 속으로 이사를 갔다. 그곳은 지형이 험준했지만 전답이 모두 갖추어져 있고 산수가 아름다워 별세계라 할 만 했다.

나는 당시 육칠 세 정도로, 조부모님의 사랑으로 길러지다 한문학교에 들어가 팔구 년간 겨우 보통 학문을 익혔다.

---

[6] 황해도 서북부에 위치한 군.

14세 무렵 조부 안인수 님께서 돌아가시자 나는 사랑하고 길러 주신 정을 잊지 못해 심하게 슬퍼하다 반 년간 병을 앓고 겨우 살아났다.

나는 어렸을 때부터 성품이 사냥을 좋아하여 항상 사냥꾼을 따라 산과 들로 수렵을 다녔다. 점점 자라나며 총을 메고 산을 올라 짐승들을 사냥하고 학문에는 힘쓰지 않아서 부모님과 선생님들께서 엄히 꾸짖으셨으나 끝내 따르지 않았다. 친교를 나누던 학생들이 서로 권면하여 말해 주었다.

"너의 부친께서는 문장으로 세상에 이름이 나셨는데, 너는 무슨 까닭으로 무식한 하급 인간으로 자처하려 하는가?"

내가 말했다.

"네 말이 옳다. 그러나 내 말도 한 번 들어 봐라. 옛날 초나라의 패왕 항우는 글은 이름이나 쓸 줄 알면 족하다고 하였지만 오히려 초패왕의 명예는 만고의 영웅으로 천고에 전한다. 나는 학문으로 이름을 남길 생각이 없다. 저 항우도 대장부요, 나도 대장부니, 너희들은 또다시 나를 권면하려 하지 마라."

하루는, 이때가 3월 봄철이라 학생들과 함께 산을 올라 경치를 구경했다. 그러다 높은 바위 절벽 위에서 꽃을 꺾으려다가 발을 헛디뎌 미끄러져서 수십 척 아래로 굴러 떨어졌는데 어찌할 방도가 없었다. 정신을 가다듬고 생각을 모으던 차에 마침 한 줄기 나뭇가지가 있어 손을 뻗어 붙잡고 용기를 내어 몸을 떨쳐 일어났다. 주위를 둘러보니 만일 두세 척만 더 떨어졌더라면 수백 척의 낭떠러지라, 뼈가 부러지고 몸이 가루가 되어 살아나지 못했을 지경이었다. 뭇 아이들이 산 위에 서서 얼굴이 흙빛이 되어서는 움직이지 못하다가 내가 살아 있는 것을 보고 밧줄로 위에서 끌어올려 주었다. 별다른 상처는 없이 등만 땀으로 흠뻑 젖어 있었으니, 서로 손을 잡고 기뻐하며 천명에 감사하고 산을 내려와 집으로 돌아왔다. 이때가 위험한 지경에서 죽음을 면한 첫 번째 일이었다.

동학당과의 전투에서
공을 세우고

1894년(갑오년), 나는 16세에 김씨에게 장가들어 현재 이남 일녀를 낳았다. 이때 한국의 각 지방에는 소위 동학당이 (오늘날 일진회 一進會의 기원이다.)[7] 곳곳마다 봉기하여 외

---

[7] 일진회는 1904년 송병준이 조선 내부에 친일 단체를 설립하라는 일본의 사주로 설립한 친일 단체이다. 조선 군대 해산, 내각 교체, 국가의 재정 축소 등을 목적으로 활동하였다. 당시 대중적인 지지나 지방 조직이 없던 일진회와 일본에 망명해 있던 동학 3대 교주 손병희의 이해관계가 일치하여 일진회와 동학의 통합이 이루어진다. 이를 통해 중앙 조직은 일진회 중심, 지방 조직은 동학 조직으로 운영되었으며, 이후 러일전쟁 기간에 일본에 협조하고 을사조약을 지지하였다. 일진회의 이러한 반민족 행위 때문에 손병희는 동학 교단 조직을 천도교로 개편하고 동학 간부를 일진회에서 탈퇴시켜 1906년 일진회와의 관계를 단절한다. 이후 일진회는 1910년 일제가 한일합방과 함께 집회 결사 엄금령을 내림과 동시에 해체되었다.

국인을 배척한다는 명분으로 여러 군현을 마구 돌아다니며 관리들을 죽이고, 민중들의 재산을 약탈하였다. (이때가 한국이 장차 위태로워지게 되는 계기이자 일본, 청나라, 러시아가 개전하게 된 원인이니 내가 처한 상황이 그러하였다.) 관군이 진압하지 못하여 청나라 군대가 건너오고, 일본도 또한 군대를 움직여 들어오니 일본과 청나라 양국이 서로 충돌하여 결국 큰 전쟁이 벌어졌다.

당시 나의 아버지는 동학당의 폭력을 견디다 못해 동지를 규합하고 격문을 돌려 의병을 일으켰다. 불러 모은 사냥꾼과 처자들까지 병력으로 편입시키니 정예병이 70여 명이라. 청계산에 진을 치고 동학당에 항거하였다. 이때 동학당의 괴수 원용일元容日[8]이 그의 무리 2만여 명을 이끌고 우쩍우쩍 진격해 오니, 깃발과 창날이 태양 빛을 가리고, 북소리 나발소리가 천지를 울려 댔다. 의병은 불과 70여 명에 불과했다. 강약의 형세가 마치 계란으로 바위를 치는 듯하

---

8 당시 동학의 황해도 도접주道接主로 전봉준의 2차 봉기에 호응하여 2만여 명의 병력을 이끌고 해주감영을 위협하였다. 당시 황해도 관찰사였던 정현석鄭顯奭은 안중근의 부친인 안태훈에게 구원을 요청했고, 이에 안중근 또한 부친을 도와 선봉에서 동학군과의 전쟁에 참여했다.

므로 뭇 사람들의 마음이 겁에 질려 방도를 알지 못했다.

당시가 12월 겨울이었는데 갑자기 동풍東風이 불고 대설이 쏟아져 지척도 분간하기 어려웠다. 적병도 옷과 갑옷이 모두 젖고 냉기가 몸에 스몄으니 그 상황에서 어쩔 수 있었겠는가. 진을 10리가량 떨어진 마을로 물려 그 밤을 머무르고 있었다. 우리 아버지가 여러 장수들과 의논하며 말씀하셨다.

"만일 다음 달까지 앉아서 적병의 포위 공격을 당한다면, 작은 것으로 큰 것을 대적할 수 없음이 필연적인 형세이다. 오늘 밤에 먼저 나아가 적병을 습격하는 것만 못하다."

이에 공격 명령을 내렸다. 닭 우는 새벽에 밥을 지어 먹고, 정예병 사십 명을 선발하여 출병시켰으며, 나머지 병사들은 우리 고을을 수비하게 하였다.

이때 나는 동지 여섯 명과 함께 선봉 겸 정탐 독립대에 자원하여 앞장서 적진을 탐색하였다. 적병 대장 숙소의 지척에 이르러서는 수풀 사이에 숨어 엎드려 적진의 형세와 동정을 관찰했다. 깃 폭은 바람에 따라 휘날리고 불빛이 하늘을 가로질러 마치 백주(대낮) 같았으나, 사람과 말 울음소리로 소란스러웠다. 도무지 기강이라곤 없기에 동지들을 돌아보고 말했다.

"지금 적진을 습격하면 반드시 큰 공을 세울 것이다."

동지들이 말했다.

"적고 약한 병사로 어찌 만 명의 대군을 당하겠는가."

내가 대답했다.

"그렇지 않다. 병법에 이르기를 지피지기면 백전백승이라 하였다. 내가 적의 형세를 보니 오합지졸이라, 우리들 일곱 명이 한마음으로 힘을 모으면 저들과 같은 하찮은 무리는 비록 백만 명이라도 두려워할 바가 못 된다. 아직 날이 밝지 않았으니 불의의 일격을 가하면 파죽지세와 같을 것이다. 그대들은 의심하지 말고 내 계획을 따르라."

모두 동의하여 계획 세우기를 마쳤다. 호령 한 마디에 일곱 명이 일제히 적진의 대장 숙소를 향하여 사격을 퍼부었다. 탄약이 우레같이 천지를 진동했고 탄환은 우박처럼 쏟아졌다. 적군은 별다른 대비를 하지 못해 손을 쓰지 못하고 몸에는 갑옷도 갖춰 입지 못했으며 손에는 무기도 들지 못했다. 서로 밀치고 밟으며 산과 들로 달아나니, 승세를 타고 추격했다.

잠시 뒤에 동쪽 하늘이 밝아 오자 적군은 비로소 우리의 상황이 외롭고 약하다는 것을 깨달았다. 이에 사방을 둘러싸고 공격해 오니 위태로운 형세가 매우 다급하여 좌충우돌해 봐도 몸을 빼낼 계책이 없었다. 그런데 갑자기 뒤쪽에서 포성이 크게 울리며 한 부대의 병사들이 격돌해 왔다. 덕분에 적병들은 패하여 도망가고 포위가 풀려 탈출할 수 있었다. 이는 곧 본진의 후발대가 와서 우리에게 응해 준 것이다.

두 진이 합세하여 추격하니 적병은 사방으로 흩어져 멀리 도망갔다. 전리품을 수습하니 무기와 탄약이 수십 바리요, 마필은 그 수를 셀 수 없고, 군량은 천여 포대였다. 적병의 사상자는 수십여 명이었으나, 의병은 한 사람도 다치지 않았다. 하늘의 은혜에 감사하며 만세삼창을 하고 우리 고장으로 개선해서 우리 도의 관찰사에게 승전 보고를 하였다. 이때 일본 위관慰官 스즈끼鈴木가 군대를 이끌고 지나가다 서신을 보내어 축하하는 뜻을 전하였다.

이후로 적군은 풍문을 듣고 달아나 다시는 교전이 벌어지지 않았고 점차 잠잠해져 나라가 태평해졌다. 전투 이후에 나는 심한 병에 걸려 삼 개월여를 고통받다가 겨우 죽음을 면하고 살아났다. 그 후로 지금까지 15년 동안 가벼운 병에도 한 번 걸린 적이 없다.

아아! 토끼 사냥이 끝나면 사냥개는 삶아 먹고, 내를 건널 때 쓴 지팡이는 모래펄에 버린다더니, 그 이듬해 (을미년) 여름 어떤 손님 두 사람이 방문하여 아버지에게 말했다.

"작년 전쟁 당시 실어 온 천여 포대의 군량미는 동학당의 소유가 아니오. 본래 그 절반은 지금의 탁지부대신度支部大臣 어윤중魚允仲**9** 씨가 사 두었던 것이요, 나머지 반은 전前 선혜청당상宣惠廳堂上 민영준閔泳駿**10** 씨의 농장에서 추수한 것이니 지체 말고 수량을 세어 돌려드리시오."

우리 아버지는 웃으면서 대답하셨다.

"어씨와 민씨 두 분의 쌀인지는 내 알 바가 아니고, 동학

---

9 1848~1896. 하층 농민들로 구성된 동학도들을 비도匪徒라고 부르며 탄압한 대부분의 관료들과 달리 동학당을 최초로 '민당民黨'이라 부르며 동정을 표시한 온건 개혁파 정치인. 1894년 갑오경장 내각이 수립되면서 탁지부대신에 임명되어 재정, 경제 부분에서 농민의 부담을 줄여 주기 위한 세재 개혁을 단행하였다.

10 1852~1935. 친일반민족행위자. 초명은 민영준이었으나 1901년 민영휘閔泳徽로 개명하였다.

군의 진중에서 빼앗아 온 것이니 자네들은 이와 같이 말도 안 되는 소리를 하지 마시오."

두 사람은 대꾸하지 않고 떠났다.

어느 날 서울에서 급한 서신 한 통이 와서 열어 보니 다음과 같은 내용이었다.

"지금 탁지부대신 어윤중과 민영준 두 사람이 잃은 곡식을 다시 찾을 욕심으로 황제 폐하께 모함하여 말하기를, '안태훈이 막대한 국고의 재산으로 사들인 쌀 천여 포대를 무단으로 훔쳐 먹었습니다. 사람을 시켜 조사해 보니, 그 쌀로 병사 수천 명을 먹여 장차 음모를 꾸미려 합니다. 만일 병사를 보내어 진압하지 않으면 국가에 큰 우환이 될 것입니다.' 라고 하여 지금 군대를 파견할 계획을 세우고 있소. 참으로 이와 같으니 시급히 올라와 좋은 방도를 찾아보시오." (전前 판결사判決事 김종한金宗漢[11]의 편지)

그 편지를 보고 아버지가 곧장 길을 떠나 경성에 이르니 과연 그 말대로였다. 사실을 들어 법관에게 호소하고 세 차

---

11 1844~1932 역시 뒤에 한일병합에 협조한 친일반민족행위자이다.

례의 재판을 거쳤으나 끝내 판결이 나지 않았다. 김종한 씨가 정부에 제안해 주기를, '안태훈은 본래 도적질을 할 만한 사람이 아니요, 의병을 일으켜 도적들을 무찌른 국가의 큰 공신입니다. 마땅히 그 공훈을 표창해 주어야 하거늘 도리어 사실무근의 부당한 말로 모함하는 것이 옳겠습니까.' 하였으나 어윤중은 끝내 듣지 않았다. 그러나 뜻밖에도 어씨가 민란을 만나 난민들의 돌에 맞아 죽었으니 그의 모략도 이에 끝이 났다.[12]

독사가 물러나자 맹수가 다시 나타났으니, 이번에는 민영준이 다시 해칠 계략을 꾸몄다. 민씨는 세력가라 상황이 위급해졌으나 방법이 없고 힘도 다하여 어찌할 도리가 없던 까닭에 아버지는 몸을 피하여 프랑스인의 천주교당에 숨어 수개월을 보냈다. 다행히 프랑스인들의 도움으로 민씨의 일도 결국 별일 없이 무사히 잘 끝났다.

---

12 1896년 아관파천 이후 갑오경장 내각의 관료들은 대부분 해외 망명에 올랐으나 당시 여러 개혁 정책으로 농민에게 지지를 받고 있던 어윤중은 망명 대신 고향으로 돌아가는 길을 택했다. 그러나 경기도 용인에서 49세의 나이로 피살되었는데, 이는 산송山訟(묘지를 둘러싼 분쟁)으로 원한을 품은 지역 양반들이 머슴을 동원하여 저지른 일이었다.

천주교인이 되다

그 사이에 아버지는 천주교당에 오래 머물면서 강론도 많이 듣고 성서도 많이 읽으면서 진리에 감화되어 몸을 맡기셨다. 입교 후에 복음을 전파하고자 하여 교인 중에 박학한 선비인 이보록李保綠과 함께 많은 경전을 싣고 고향으로 돌아오셨다. 그때 내 나이는 열일곱 여덟 살 무렵으로, 나이는 젊고 힘은 강하며 기골이 빼어나 남들에게 뒤지지 않았다.

내 평생 성격에 좋아하는 것이 네 가지 있으니, 첫째는 친우를 사귀는 것이요, 둘째는 음주가무, 셋째는 총포로 사냥하기, 넷째는 준마를 타고 달리는 것이다. 멀고 가깝고 상관하지 않고 의협심 있는 호걸이 어디 살고 있다는 이야기를 들으면 항상 총포를 매고 말을 달려 찾아가곤 했다. 만일 동지라 할 만하면 강개한 이야기로 대화를 나누며 유쾌하고 즐겁게 술을 마셨고, 취해서 노래를 하기도 하고 춤을 추기도 하며 때로는 기생집에 가서 놀면서 기생에게 이렇게 말하기도 했다.

"너의 아름다운 자태로 호걸 남자와 배필을 이루어 해로하면 어찌 좋지 않겠느냐. 너희들은 그러지 않고 돈 소리만 들으면 군침을 흘리며 정신을 못 차리며 염치 불고不顧하고 오늘은 장씨의 부인 내일은 이씨의 부인하고 금수의 행실을 하는가."

이와 같이 말을 하면 기녀들이 좋아하지 않아 싫은 낯빛이나 공손하지 못한 태도가 밖으로 드러나면 욕을 해 주거나 매를 쳤다. 이 때문에 친구들은 나에게 '번개입電口'이라는 별명을 붙여 주었다.

하루는 동지 예닐곱 명과 함께 산에 노루 사냥을 갔다. 그런데 공교롭게도 탄환이 총구에 걸려서 (구식 6연발 총) 빼낼 수도 없고 다시 넣을 수도 없었다. 쇠꼬챙이로 총구를 마구 세게 쑤셨더니 예상치 못하게 쾅 하는 소리가 났다. 혼

비백산하여 머리가 붙어 있는지 없는지도 모르고 살았는지 죽었는지도 깨닫지 못했다. 잠시 뒤 정신을 가다듬고 자세히 살펴보니 탄환이 폭발하여 쇠꼬챙이와 탄환 알은 오른쪽을 뚫고 하늘로 날아가 있었다. 병원에 가서 치료하니 낫긴 했지만 그 이후로 지금까지 10년 동안 꿈에라도 그때 놀랐던 일을 생각하면 항상 모골이 송연하다. 그 뒤 한 번은 다른 사람이 잘못 쏜 총에 산탄 두 발을 등에 맞은 적이 있으나 별다른 중상은 입지 않았고 바로 탄환을 빼내어 괜찮았다.

그 무렵 아버지는 널리 복음을 전하며 원근의 사람들을 권면하니, 입교자가 날마다 더해지고 달마다 불어났다. 가족 모두가 함께 천주교를 신봉하게 되었고 나 역시 입교하여 프랑스인 선교사 홍요셉[13] 신부에게 영세를 받고 세례명은 도마多黙(토마스)라 하였다. 성경을 배우고 진리에 대해 토론하며 몇 개월을 보내니 신앙이 점차 견고해지고, 독실이 신앙하여 의심치 않았으며, 천주님이신 예수 그리스도

13 빌렘(Nicolas Joseph Marie Willhelm, 1860~1938) 신부. 한국명 홍석구洪錫九. 프랑스 출신으로 1897년 황해도에서 거행된 세례식을 계기로 안중근과 처음 만나게 된 뒤 평생의 우정을 나눈다.

를 숭배하였다.

그렇게 시간이 흘러 수년 뒤 교회 일을 확장하고자 나와 홍 신부는 이곳저곳을 다니며 사람들에게 전교하였다. 이때 한 대중 연설은 다음과 같다.

"나의 형제들이여, 한 말씀 들어 주시오. 만약 한 사람이 좋은 음식을 혼자서만 먹고 가족들에게 주지 않거나, 재주를 혼자 간직하고서 다른 사람에게 베풀지 않는다면 이를 동포의 정이라 할 수 있겠소. 지금 내게 진귀한 음식과 기이한 재주가 있으니, 이 음식은 한 번 먹으면 장생불사長生不死하는 음식이요, 이 재주는 한 번 통달하면 하늘로 날아오르는 재주라 가르쳐 드리고자 하는 것이니, 원컨대 동포 여러분은 잠시 귀를 귀울여 주시오.

천지 간과 만물 가운데서 오직 사람이 가장 귀하니, 그 혼이 신령하기 때문이오. 혼에는 세 가지 종류가 있소. 하나는 생혼生魂이니 이것은 초목의 혼으로 생장할 수 있는 혼이요. 두 번째는 각혼覺魂이니 이것은 금수의 혼으로 지각할 수 있는 혼이요, 세 번째는 영혼靈魂이니 이것은 사람의 혼으로 생장할 수 있고 지각할 수 있고 시비를 분별할 수 있

27

으며 이치를 추론할 수 있고 만물을 다스릴 수 있소. 사람이 가장 귀한 것은 오직 신령한 영혼 때문이오. 사람이 만일 영혼이 없다면, 육체는 금수만 못할 것이오. 무슨 까닭인고 하니, 짐승들은 옷을 입지 않아도 따뜻하고, 일을 하지 않아도 배불리 먹고, 날 수도 있고 뛸 수도 있으며, 재주와 용맹은 인류보다 뛰어나오. 그러나 그 많은 동물들이 사람에게 통제받는 것은 그 혼이 신령하지 않기 때문에 그렇게 된 것이오. 그러므로 영혼의 귀중함을 여기에 미루어 알 수 있은 즉, 천명이 부여해 준 본성이란 지극히 높으신 천주님이 태중에서부터 부여해 주신 것으로 영원히 죽지 않고 사라지지 않는 것이오.

천주님께선 어떤 분이신가 하면, 한 집안에는 가장이 있고 한 나라에는 국왕이 있듯이, 천지의 윗자리에 천주님이 계시오. 처음도 없고 끝도 없으시고, 삼위일체시며(성부聖父와 성자聖子와 성신聖神이니, 그 의미가 깊고 커서 헤아릴 수 없다.)[14] 전지전능하시고, 온전히 선하고 지극히 공정하고 의

---

14 오늘날에는 '성신聖神' 대신 '성령聖靈'으로 표기한다.(역주)

28

로우시니 천지만물과 일월성신을 창조하셨소. 선함에는 상을 주고 악함에는 벌을 주시는 오직 하나이시고 둘이 아닌 큰 주재자가 이 분이시오. 만약 한 집안의 가장인 아버지가 집을 짓고 재산을 마련하여 그 자식에게 주어 쓰게 하되, 그 아들이 마음대로 자만하여 어버이를 섬기는 도리를 알지 못한다면 불효가 막심하여 그 죄가 아주 크오. 또한 만일 한 나라의 군주가 지극히 공정한 정치를 펴고 각종 생업을 보호하여 신민들이 모두 태평함을 누리게 하였는데, 신민이 명령에 복종하지 않고 충애忠愛하는 마음이 없으면 그 죄가 가장 중하오. 천지 간의 큰 아버지이자 큰 임금이신 천주께서는 하늘을 만드사 우리를 덮어 주시고, 땅을 창조하셔 우리를 실어 주시고, 일월성신을 만들어 우리를 비추시고, 만물을 지으사 우리가 쓰게 하셨소. 그 큰 은혜가 이와 같이 막대한데 만일 사람들이 망령되이 자신을 존귀하게 여겨 충효를 다하지 않고 근본에 보답하는 의리를 망각한다면 그 죄가 비할 바 없이 더욱 심하니, 두려워하지 않을 수 있으며 삼가지 않을 수 있겠소, 그러므로 공자께서 말씀하시길 '하늘에 죄를 얻으면 빌 데도 없다'고 하였소.

천주께서는 지극히 공정하셔서 선함에는 보답하지 않으심이 없고 악함은 벌하지 않으심이 없소. 지은 죄에 대한 판결은 몸이 죽은 날이라오. 선한 자는 영혼이 천당으로 올라가서 영원무궁한 복락을 받을 것이요, 악한 자는 영혼이 지옥으로 들어가 영원히 끝나지 않는 고통을 받을 것이오. 한 나라의 임금에게도 상과 벌을 주는 권력이 있거늘, 하물며 천지의 큰 군주야 말할 것도 없소. 만일 '천주께서는 현세의 인생에서는 어째서 선악에 상벌을 주시지 않습니까?'라고 한다면 그렇지 않소. 이 세상의 상벌은 한계가 있고, 선악은 한계가 없으니, 만일 어떤 사람이 다른 사람을 죽인다면 그 시비를 판결하여 무죄라면 그만이지만, 유죄라면 마땅히 그 한 몸으로 갚으면 될 것이오. 그러나 만일 한 사람이 천만 명의 사람을 죽인 죄가 있다면 그 한 몸으로 어찌 갚을 수 있겠소. 또 어떤 사람이 천만 명을 살린 공이 있다면 짧은 세속의 영화로 어찌 그 상을 다 줄 수 있겠소. 하물며 사람의 마음이란 때에 따라 변하니 지금은 선한 일을 하고 나중에는 악을 저지르기도 하고, 혹은 오늘은 악한 일을 하더라도 내일은 선한 일을 하기도 하는지라, 그 선악을 따라서 상벌을 주려 한다면 이 세상의 인류를 보존하기 어려울 것이오. 또한 세상의 벌은 모두 그 몸을 다스리는 것이지 그 마음을 다스리는 것이 아니지만 천주의 상벌은 그렇지 않소. 천주께선 전지전능하시고 지극히 선하시며 지극히 공정하시고 지극히 의로우신 까닭에 관대하게 사람의 목숨이 다하여 세상을 뜰 때까지 기다리셨다가 선악의 경중을 심판하신 뒤, 불사불멸하는 영혼에게 영원한 상벌을 주신다오. 상은 천당의 영원한 복록이요, 벌은 지옥의 영원한 고통이니, 천당으로 올라감과 지옥으로 떨어짐이 한 번 결정되면 바꿀 수가 없소.

오호라, 사람의 수명이 길어야 백 년을 넘지 못하니, 현명한 사람이나 어리석은 사람, 귀천을 막론하고 맨몸으로 이 세상에 태어나 맨몸으로 떠난다오. 이것이 이른바 공수래 공수거空手來空手去이니, 세상의 일이란 이같이 허황한 것인데 그런 줄 알면서도 무슨 까닭으로 이익과 욕망의 구렁텅이에 빠져 악행을 저지르고도 깨닫지 못하는 것이오. 뒷날 깨닫고 후회한들 어쩔 것이오! 만약 천주님의 상과 벌이 없다고 한다면 몸이 죽으면 소멸될 뿐이니 잠시 세상에 머무는 동안 잠깐 동안의 영화를 도모해 볼 만도 하지만, 영혼은 불사불멸하고 천주님의 지극히 존엄하신 권능은 불 보듯 분명하다오.

옛날 요임금은 '저 흰 구름을 타고 하늘나라에 이르면 무슨 생각이 있으리오.'라 하셨고, 우임금은 '삶이란 잠시 의탁하는 것이오, 죽음은 돌아가는 것이라.' 하시고 또 '혼魂은 하늘로 올라가고 넋魄은 땅으로 내려가는 것이라' 하였으니, 모두 영혼이 불멸하다는 분명한 증거라 할 수 있소. 만일 사람들이 천주님의 천당과 지옥을 보지 못했다 하여 그 존재를 믿지 않는다면 유복자가 그 아비를 보지 못했다하여 아비의 존재를 믿지 않는 것과 무엇이 다르며, 소경이 하늘을 보지 못했다 하여 하늘에 해가 있다는 사실을 믿지 않는 것과 무엇이 다르겠소. 또 화려한 가옥만 보고 집을 지을 때는 보지 못했다 하여 집 짓는 장인들이 있다는 사실을 믿지 못한다면 어찌 웃음거리가 되지 않겠소.

지금 저 하늘땅과 일월성신의 광대함과 날아다니고 뛰어다니는 동식물, 기기묘묘한 만물이 어찌 조물주 없이 자연히 생겨난 것이겠소. 만약 자연히 생겨났다면 일월성신이

32

어찌 오차 없이 운행하며 춘하추동이 어찌 어김없이 돌아 오겠소. 비록 집 한 채, 그릇 하나도 만든 자가 없다면 생겨 날 수 없는 것이 이치이니, 땅과 육지의 허다한 기계들이 주 관하는 사람이 없다면 어찌 자연히 운행하는 이치가 있으 리오. 그러므로 믿고 안 믿고가 어찌 직접 봤느냐 못 봤느냐 에 달려 있겠소. 오직 이치에 맞느냐 맞지 않느냐에 달려 있 을 뿐이니, 이 여러 증거에 근거하여 지극히 높으신 천주님 의 은혜와 위엄을 확고히 믿어 의심치 않고 몸 바쳐 신봉함 으로써 만의 하나라도 응답하는 것이 우리 인류가 마땅히 해야 할 본분이오.

지금으로부터 1,800여 년 전 지극히 인자하신 천주께서 이 세상을 긍휼히 여기사 만민의 죄악을 구원하시고자 하 여 천주의 제2위인 성자聖子를 내려 보내셨소. 동정녀 마 리아의 태중에 잉태하게 하여 유대 나라 예루살렘에서 탄 생케 하시니 그 존함이 예수 그리스도시라오. 세상에 33년 간 계시며, 사방을 주유周遊하며 사람들을 개과천선改過遷善 하게 하시고 많은 기적을 행하사 소경은 눈 뜨게 하시고 벙 어리는 말하게 하시며 귀머거리는 듣게 하고 앉은뱅이는

33

걷게 하며 병든 자는 낫게 하고 죽은 자를 살리시니 원근에서 소식을 들을 자들이 복종하고 따르지 않음이 없었다오. 그중 12인을 가려내어 제자로 삼고, 열두 제자 중에 또 한 명을 뽑으시니 이름이 베드로라. 천주교의 우두머리로 삼아 당신의 자리를 대신하여 권한을 맡기고 규범을 정해 교회를 세우게 하셨소. 지금 이탈리아의 로마부에 재위하고 계신 교황님이 베드로로부터 전해 받은 자리이니 지금 세계 각국의 천주교인들이 모두 그를 우러러 받들고 있는 것이오.

그 당시 유대국 예루살렘 성 안에 옛 종교를 믿던 자들이 예수님께서 선을 권하는 것을 미워하고 권능을 시기하여 모함하고 체포하여 더할 나위 없이 심한 형벌을 가하였소. 예수님이 온갖 고통과 고난을 겪으시고 십자가에 못 박혀 공중에 매달리셨을 때 하늘을 향해 기도하시기를 만민의 죄악을 사해 달라 크게 한 번 외치시고 숨을 거두셨다오. 그때 천지가 진동하고 하늘이 캄캄해져 사람들이 모두 두려워하며 '하느님의 아드님이시다.' 하였소. 제자들이 그 시신을 거두어 장사 지냈는데, 삼일 뒤에 예수님이 무덤에서 부활하사 제자들 앞에 나타나셔서는 40일을 함께 보내시고 죄를 사하는 권능을 전해 주신 뒤 그들을 떠나 승천하셨소. 제자들은 하늘에 감사 인사를 올리고 돌아와 세계를 누비며 천주교를 전파하였으니, 오늘에 이르기까지 2천 년간 천주교를 믿는 자는 수억만 명이라 수를 헤아릴 수 없을 정도요. 천주교의 진리를 증거하고 주님을 위해 목숨을 바치려는 사람 또한 몇 백만 명이며, 오늘날 세계 문명국의 박학한 신사들도 천주이신 예수 그리스도를 믿지 않는 자가 없소. 그러나 오늘날에는 위선적인 종교도 매우 많은데, 이 또한 예수께서 제자들에게 예언하시길 '후세에 반드시 위선적인 자들이 내 이름을 들먹여 대중을 현혹할 것이니, 잘못된 길로 빠지지 말라. 천국으로 들어가는 문은 오직 천주교회 하나뿐이다.' 하셨소.[15]

원컨대 우리 대한의 모든 동포, 형제, 자매는 맹렬히 깨닫고 용감히 나아가 지난날의 죄과를 통렬히 회개하고 천주의 의로운 자녀가 되시오. 현세는 도덕 시대로 만들어 함께

15 여기서 '위선적인 종교'는 개신교를 지칭하는 듯하다. 조선에 최초로 입국한 개신교 선교사는 1884년 의료 선교사로 입국해 황실의 총애를 받은 알렌이며, 연이어 1885~1886년 아펜젤러, 언더우드, 메리 스크랜튼, 헐버트가 입국하여 본격적인 조선 선교를 시작한다.

태평성대를 누리고, 사후에는 하늘에 올라 상을 받고 끝없는 복록을 함께 누리기를 천만 번 엎드려 바랄 뿐이오."

이와 같이 설명하는 일이 종종 있었다. 그러면 듣는 사람들이 혹은 믿기도 하고 믿지 않기도 하였다.

젊은 날의 행적들

그때 교회가 점차 확장하여 교인이 거의 수만 명에 가까워졌으며, 선교사 여덟 명이 황해도에 와서 머물고 있었다. 나는 그때 홍 신부에게 불어를 몇 달 동안 배우면서 함께 의논하고는 했다.

"지금 한국의 교인들이 학문에 몽매하여 전교하는데 손해가 적지 않다. 하물며 앞으로 나라의 대세는 말하지 않아도 알 만하니, 민閔 주교[16]에게 말해서 서양 수사회修士會 가

---

16 제8대 조선대목구장 뮈텔 주교(Mutel Gustave Charles Marie, 1854~1933), 한국명 민덕효閔德孝. 프랑스 출신으로 1890년 조선 교구장에 임명되어 선종시까지 42년간 조선 교구장으로 활동하며 신학교와 명동성당 등을 건립했다. 안중근은 순국 직전 뮈텔 주교 앞으로 유서를 남기기도 했으나, 뮈텔은 안중근

37

운데 박학한 수도사 몇 명을 초빙하여 대학교를 설립하고 국내의 뛰어난 자제들을 교육한다면 수십 년이 지나지 않아 반드시 큰 효과가 있을 것이다."

계획을 세우고 홍 신부와 함께 상경하여 민 주교를 회견하고 이러한 의견을 제출했더니 민 주교가 말했다.

"한국인들이 학문을 익히면 신앙에 좋을 것이 없으니 다시는 이러한 의견을 내지 말라."

재삼 권고해 보았으나 주교가 끝내 듣지 않으니 어쩔 수 없어 고향으로 돌아왔다. 이 이후로 분개를 이기지 못해 마음속으로 맹세하기를, '천주교의 진리는 신봉할 만하지만 외국인의 마음은 믿을 만하지 않다.' 하고는 불어를 배우던 것도 그만두고 공부하지 않았다. 친우들이 간혹 어째서 배우지 않느냐고 물으면 대답했다.

"일본어를 배우면 일본의 노예가 되고, 영어를 배우면 영국의 노예가 되니, 내가 불어를 배우면 프랑스 노예를 면하

의 이토 히로부미 저격을 '살인 행위'로 간주하여 안중근을 출교하고 종부성사를 위해 사제를 파견해 달라는 요청을 거부하였고, 이토 히로부미를 추모하는 모임에 참석하기도 하였다.

기 어려울 터라 그만두었다. 만약 우리 한국의 위엄이 세계에 떨쳐지면 세계인들이 한국어를 통용하여 쓸 것인즉 그대는 조금도 염려치 말게."

그러면 그가 아무 말 없이 물러났다.

이 무렵 이른바 금광의 감리監理[17]인 주가朱哥라는 사람이 천주교를 비방하고 다녀 피해가 적지 않으므로, 내가 교회에서 대표로 뽑혀 주가가 있는 곳으로 파견 가게 되었다. 사리를 들어 질문하려는 차에 금광 일꾼 사오백 명이 각기 몽둥이와 돌을 들고서는 불문곡직하고 때려 부수며 내려오니, 이른바 법은 멀고 주먹은 가까운 상황이라. 위급한 상황이라 어찌할 수 없어 오른손으로는 허리춤의 단도를 뽑아 들고, 왼손으로는 주가의 오른손을 붙잡고서 크게 꾸짖어 말했다.

"너희 무리가 백만 명이라 하더라도 너의 목숨은 나에게 달려 있으니 알아서 해보아라."

주가가 겁에 질려 주위 사람에게 물러가라고 외쳐 대어

---

17 관리 감독관

그들도 나에게 손을 댈 수 없었다. 이에 주가의 오른손을 잡고 문밖 십여 리까지 끌고 나간 뒤에 주가를 돌려 보내고 겨우 빠져나와 돌아올 수 있었다.

그 뒤에 나는 만인계萬人稧[18] (만인계로 모인 돈을 관리하고 추첨하는 역할을 하는 회사) 사장으로 선출되었다. 출표식出票式을 하는 날에 원근에서 참석한 사람들이 수만여 명이었는데, 계장稧場을 둘러싸고 줄을 서니 인산인해人山人海를 방불했다. 계하는 곳은 중앙에 있어 각 임원들이 모두 모여 있고, 네 문은 순검巡檢이 지키고 보호해 주었다.

이때 표 뽑는 기계가 고장 나서 인쇄된 표가 한 번에 대여섯 개씩 나왔다. (인쇄된 표는 매번 하나씩 나와야 한다.) 그러자 바라보던 사람들이 시비와 곡절은 분간하지도 않고 협잡질을 한다고 고함을 질러 댔고, 돌맹이와 몽둥이가 비 오듯 쏟아졌다. 경호하던 순검은 사방으로 흩어져 도망가버리고 일반 임원들 가운데서도 다친 자가 수없이 많았다. 각자도생하여 모두 도망쳐버리니 남아 있는 사람은 나 한 사

---

18 만인계란 1,000명 이상의 계원을 모아 돈을 출자한 뒤 추첨이나 입찰로 돈을 융통해 주는 모임을 말한다.

람뿐이었다.

군중들이 "사장을 때려 죽이자."고 크게 외치며 일제히 몽둥이질을 하고 돌을 던지며 다가오기 시작했다. 형세가 매우 위급하여 목숨이 경각에 달린 것이다. 그러나 스스로 생각해 보니, 만일 사장이란 자가 도망쳐 버리면 회사의 일은 다시 돌아볼 수도 없을 것이요, 하물며 후일의 명예가 어떠할지는 말하지 않아도 뻔한 일이었다.

그러나 이 상황을 어찌하리오. 급히 짐을 뒤져 총 한 정을 (12연발이 되는 신식 총이었다.) 꺼내어 오른손에 들고 계단 위로 올라가 군중을 향해 크게 소리쳤다.

"어찌 이러시오! 어찌 이러시오! 잠시만 내 말을 들어 보오. 어째서 나를 죽이려 드는 것이오? 여러분들은 불문곡직 不問曲直하고 시비를 일으키고 난동을 부리니 세상에 무슨 이런 야만적인 행동이 있소? 여러분은 나를 해치려 들지만 나는 죄가 없으니 어떻게 이유도 없이 얌전히 죽을 수 있겠소. 나는 결코 죄도 없이 죽지는 않을 것이니, 나와 목숨 걸고 싸워 볼 자가 있다면 썩 앞으로 나와 보시오."

말이 끝나자 군중들은 모두 겁을 먹고 뒤로 물러나 흩어저 다시 소란을 피우는 자가 없었다. 잠시 뒤에 한 사람이 밖에서부터 수만 명이 둘러싼 위쪽을 뛰어서 들어오는데 마치 날아다니는 새처럼 빨랐다. 그가 앞에 와서 서더니 나를 향해 소리쳤다.

"자네는 사장이란 사람이 수만 명을 와 달라 불러 놓고 이처럼 죽이려고 하는가!"

그 사람을 언뜻 보니 신체는 건장하고 기골을 수려하며 목소리도 우렁차서 영웅 장부라 할 만했다. 나는 이에 계단에서 내려와 그 사람의 손을 잡고 정중히 예를 갖춰 말했다.

"형씨, 형씨, 노여워 말고 내 말을 들어 보시오. 지금 상황이 이렇게 된 것은 내 의도가 아니라, 일이 여차저차하여 난동을 피우는 무리가 공연히 일어나 소란을 일으킨 것이오. 다행히 형씨께서 경각에 달린 내 목숨을 살려 주셨소. 옛글에 말하기를 무고한 한 사람을 죽이면 그 재앙이 천년 뒤까지 미치고, 무고한 한 사람을 살리면 은덕이 만대에 미친다 하였소. 성인聖人은 성인을 알아보고, 영웅은 영웅을 벗 삼는 법이니, 형씨와 내가 지금부터 백 년의 교분을 맺는 것이 어떻겠소."

그가 대답했다.

"좋소."

그러고는 군중을 향하여 크게 외쳤다.

"사장은 전혀 죄가 없으니, 만일 사장을 해치고자 하는 사람이 있다면 내가 이 주먹으로 때려죽일 것이오."

말을 마치고 두 손으로 군중을 헤치니 마치 물결처럼 모두 흩어졌다. 나는 그제서야 비로소 마음을 놓고 다시 계단으로 올라가서 사람들을 큰 소리로 불러 모아 안정시킨 뒤에 설명했다.

"오늘 생긴 일은 여차저차하여 별다른 문제가 있는 것이 아니라, 이 기계가 잘못하여 생긴 일이라오. 바라건대 여러분들은 노여움을 가라앉히고 생각해 보시는 게 어떠하오?"

군중들이 모두 납득하니 다시 말했다.

"그렇다면 오늘의 출표식을 마땅히 끝까지 잘 거행해야만 다른 사람들의 웃음거리가 되지 않을 것이오. 속히 다시 거행하여 끝마치는 것이 어떻겠소?"

사람들이 모두 박수를 치며 응낙하였다. 이에 비로소 출표식을 마저 거행하여 무사히 마쳤다. 끝내고 돌아오는 길에 그 은인과 통성명을 하니, 성은 허許요, 이름은 봉鳳으로 함경북도 사람이라고 하였다. 그의 큰 은의恩意에 감사를 표하고 나서 형제의 의를 맺고 흥겨운 술자리를 벌였다. 그는 독주 백여 잔을 마셔도 조금도 취하지 않았고, 완력을 시험해 봤더니 개암나무 열매와 잣 삼십여 개를 손바닥에 올려 두고 양손을 합해 비벼서 마치 돌로 간 듯 으깨 가루를 내버리는 것이었다. 보는 사람들이 놀라 경탄하지 않음이 없었다. 그에게는 또 다른 재주도 있었다. 양손을 등 뒤로 하여 기둥을 감싸게 하고 밧줄로 묶으면 자연히 기둥이 양팔 사이에 있고 몸은 기둥과 하나가 되어, 그 손의 결박을 풀지 않고는 몸을 빼낼 방법이 없는 것이 당연하다. 이와 같이 한 뒤에 여러 사람 앞에 잠시 서 있다가 일 분 사이에 돌아보면 양손의 결박은 처음과 같이 그대로 있어 전혀 변함이 없는데 기둥만 양팔 사이에서 빠져나와, 기둥은 여전히 우뚝 서 있지만 그 몸은 매어 있지 않고 풀려난 것이다. 보는 사람들이 칭찬하며 "주량은 이태백과 같고, 힘은 항우에 못지않고, 술법은 좌좌佐左에게 비견할 만하다."고 하지 않음이 없었다.

며칠을 함께 놀고 손을 흔들며 헤어졌는데 오늘에 이르기까지 몇 년간 그가 어떻게 지내는지 알지 못한다.

이웃의 억울한 사연을 돕다

당시 두 개의 사건이 있었으니, 하나는 옹진甕津 군민郡民이 돈 오천 냥을 경성에 사는 전 참판 김중환金仲煥에게 빼앗긴 것을 해결한 일이요, 또 한 가지는 이경주李景周의 일이다. 그는 본적이 평안도平安道 영유군永柔郡 사람으로 직업은 의사인데 황해도黃海道 해주부海州府에 와서 살았다. 유수길柳秀吉(본래 천민이었으나 자산가가 되었다)의 여식을 배필로 삼아 3년여를 같이 살며 딸을 하나 낳았다. 유수길은 이씨에게 많은 전답 및 재산과 노비를 넉넉히 나누어 주었다. 이때 해주부 지방대地方隊 부대의 장교인 한원교韓元校라는 사람이 이씨가 경성에 간 틈을 타 그 부인을 꾀어 내어 간통

하고 유수길을 위협하여 그 집과 세간을 빼앗아 뻔뻔하게 살고 있었다. 이에 이씨가 그 소식을 듣고 경성에서 본가로 돌아왔으나 한가가 병사들을 시켜 마구 때렸다. 이씨가 결국 쫓겨나니, 머리는 상처 입어 깨지고 유혈이 낭자하여 차마 볼 수가 없을 지경이었다. 그러나 이씨는 타향에서 혼자온 처지라, 어찌할 수 없어 도망쳐 목숨을 구한 뒤에 경성으로 올라가 육군법원에 호소하였다. 한가 놈과 일고여덟 차례 재판을 벌였으나 한가는 계급만 박탈당했을 뿐 이씨는 처와 재산을 되찾아 올 수 없었다. (이 한가가 세력가라 그렇게 된 것이다.) 한가는 그 여자와 함께 가산을 정리하여 경성에 올라와 살고 있었다.

마침 이때 옹진 군민과 이씨가 모두 교인이라 내가 대표로 뽑혀 두 사람 모두와 함께 상경하게 되었다. 옹진 군민과 한가 사건 중에 먼저 김중환을 가서 만나 보니 귀한 손님들이 방을 가득 채우고 앉아 있었다. 주인과 예를 차리고 통성명을 한 뒤에 자리에 앉으니 김중환이 물었다.

"무슨 일로 찾아오셨소."

내가 대답했다.

"우리는 본래 시골에 사는 어리석은 백성이라 세상의 규칙과 법률을 잘 모릅니다. 그래서 여쭤보고 싶은 일이 있어 왔습니다."

김중환이 말했다.

"상의하고 싶으신 일이 무엇이오."

내가 대답했다.

"만일 경성의 한 고관대작이 시골 백성의 재산 수천 냥을 억지로 빼앗고 조금도 돌려주지 않으면 이를 어떤 법률로 다스리면 좋겠습니까?"

김중환은 잠시 생각하더니 말했다.

"지금 내 일을 말하는 것이오?"

내가 대답했다.

"그렇소. 그대는 무슨 까닭으로 옹진 백성의 재산 오천 냥을 빼앗고 갚지 않는 것이오?"

김중환이 말했다.

"내가 지금은 갚을 돈이 없소. 마땅히 나중에 갚으려 계획하고 있소."

내가 대답했다.

"그럴 리 없소. 이렇게 높고 넓은 집에 허다한 물건들을 풍부하게 갖춰 두고 살면서, 오천 냥이 없다고 하는 것을 어떤 사람이 믿겠소?"

이와 같이 대화를 나누는 중에 관료 한 명이 방문하여 듣고 있다가 큰소리로 나를 꾸짖으며 말했다.

"김 참판께서는 연로하신 대관大官이신데 그대는 젊은 시골 사람이 어찌 감히 이같이 버릇없이 말하는 것이오."

나는 웃으며 그에게 물었다.

"그대는 누구신가."

그 손님이 말했다.

"내 이름은 정명섭丁明燮이오."(오늘날 한성부 재판소의 검사관이었다.)

내가 대답했다.

"그대는 옛글도 읽지 못하였는가. 옛날부터 지금까지 현명한 군주와 훌륭한 재상은 백성을 하늘로 여기며, 어리석은 군주와 욕심 많은 관료들은 백성을 밥으로 여기니, 백성이 부유하면 나라가 부귀하고, 백성이 약하면 나라도 약한 것이오. 이처럼 위태로운 시대에 그대들은 국가를 보필하는 신하가 되어서 황제 폐하의 높은 뜻을 받들지는 않고, 이와 같이 백성들을 괴롭히니 국가의 앞날을 어찌 통탄하지 않을 수 있겠소. 하물며 이 방은 재판소도 아니니, 그대에게 오천 냥을 갚아 줄 의무가 있거든 나와 함께 따져 봅시다."

정가는 아무 말도 답하지 못하고, 김중환이 말했다.

"두 분은 싸우지 마시오. 내가 며칠 뒤에 오천 냥을 돌려드릴테니, 그대는 너그러이 용서하시오."

이렇게 너덧 번을 애걸하기에 사세부득이 날짜를 정해 놓고 돌아왔다.

한편, 이경주는 한원교의 주소를 알아내 와서 함께 상의하였다.

"한가는 세력가라 법관에게 핑계 대고 도망 다니면 절대 재판에 잡아다 놓을 수 없을 것이오. 우리들이 먼저 한가 부부를 잡아서 모두 함께 법정에 가서 재판을 해야 할 것이오."

해서, 이씨와 동지 몇 사람과 함께 한가가 사는 곳을 찾아가 수색하였으나 한가 부부는 미리 알고 이미 피해버려 잡지 못하고 빈손으로 돌아왔다. 그런데 한가가 한성부에 무고하기를, 이경주가 자신의 집에 억지로 난입하여 노모를 구타했다고 하였다.

　한성부에서 이경주를 잡아갔는데, 검사가 증인이 있냐 물으니 이씨가 내 이름을 지명하여 나 또한 소환받았다. 검사의 사무실에 도착해서 보니, 검사관이 바로 정명섭이었다. 정씨는 나를 보자 노색이 겉으로 드러났다. 나는 속으로 잠시 생각하다 스스로 웃으며 '오늘은 정가의 보복을 받겠구나. (김중환의 집에서 서로 다툰 일 때문이다.) 그러나 무죄인 나를 누가 해코지하랴.' 하였다. 생각을 마치자 검사가 나에게 물었다.

　"너는 이씨와 한씨 두 사람의 일을 목격하였는가?"

　내가 대답했다.

　"그렇소."

　검사가 또 물었다.

　"어째서 한가의 모친을 구타하였는가?

　내가 답했다.

　"그렇지 않소. 결코 그와 같은 행동을 한 일이 없소. 자신이 원하지 않는 바를 타인에게 행해서는 안 된다 하는데, 어찌 다른 사람의 노모를 구타하겠소."

그가 또 물었다.

"무슨 이유로 다른 사람의 집 안에 까닭 없이 침입했는가?"

내가 대답했다.

"나는 다른 사람의 집에 침입한 일이 결코 없소. 다만 이경주의 집 안에 출입한 일이 있을 뿐이오."

그가 물었다.

"어째서 이가의 집 안이라 하는고."

내가 대답했다.

"그 집은 이가의 돈으로 산 집이요, 방 안의 가구들도 모두 이가가 예전에 소유하던 물건들이며, 노비들 또한 이가가 부리던 노비이고, 그 처 또한 이가가 사랑하던 부인이니, 이것이 이가의 가정이 아니면 누구의 집이란 말이오."

검사는 아무 말도 하지 못했다. 그때 갑자기 한원교가 내 앞에 서 있는 것이 보여 다급히 그를 불러 말했다.

"한가야, 너는 내 말을 들어라. 무릇 군인이란 국가의 중임重任으로, 충의忠義의 마음을 길러 외적을 방어하고 국토를 수호하며 백성들을 지키는 것이 군인의 직분일진대, 너는 하물며 장교의 몸으로 선량한 사람의 부인을 강제로 빼앗고 재산을 도적질하고서도 그 세력을 믿고 거리낌이 없구나. 만일 경성에 너와 같은 도둑놈들이 여럿 살고 있다면 서울놈들만 자손을 낳고 가정을 보호하며 안락하게 살고, 지방의 힘없는 사람들은 그 처와 재산을 서울놈들에게 전부 빼앗겨 버릴 것이니, 세상에 백성 없는 나라가 있겠느냐. 너 같은 서울놈들은 만 번 죽어도 아깝지 않다."

말이 끝나기도 전에 검사가 탁자를 때리며 큰소리로 말했다.

"이놈! (욕을 했다.) 서울놈, 서울놈 하는데 경성에 어떤 분들이 사는데 (황제의 대신들을 운운했다. 나에 대한 미움이 폭발한 것이다.) 네가 감히 그딴 소리를 하느냐!"

내가 웃으며 말했다.

"그대는 어째서 그렇게 화를 내는가. 나는 한가에게 만약 너와 같은 도적배가 경성에 많다면 한성 사람들만 살아남고 지방민들은 모두 사라질 것이라고 한 것뿐이다. 한가 같은 놈은 이런 욕을 먹어도 마땅하고, 한가 같은 사람이 아니면 무슨 상관이 있겠는가? 그대가 잘못 듣고 오해한 것이다."

정씨가 말했다.

"네 말은 잘못을 감추려는 것뿐이다."

내가 답했다.

"그렇지 않다. 좋은 말로 잘못을 꾸며 낼 수야 있겠지만 물을 가리켜 불이라고 한다면 누가 믿겠는가."

검사는 대답을 하지 못하고 아랫사람을 시켜 이경주를 감옥에 투옥한 뒤에 나에게 말했다.

"너도 감옥에 넣을 것이다."

내가 노하여 대답했다.

"나를 무슨 이유로 투옥할 것인가? 오늘 내가 여기 온 것은 단지 증인으로서 소환된 것이지 피고로 붙잡혀 온 것이 아니다. 더욱이 비록 천만 가지의 법률이 있더라도 죄 없는 사람을 투옥하는 법률은 없으며, 백천 가지의 감옥이 있더라도 죄 없는 사람을 가두는 감옥은 없음에랴. 이러한 문명 시대에 그대는 어째서 감히 사사로이 야만스런 법률을 쓰려 하는가."

나는 당당하게 나아가 문을 열고 숙소로 돌아왔다. 검사는 아무런 말도 없었다.

그런데 그때 본가에서부터 서신이 와서 부친의 병환이 위중하다 하였다. 급히 돌아갈 마음으로 곧장 짐을 꾸려 길을 나섰다. 이때가 한겨울 추운 때라, 하얀 눈이 온 천하에 가득하고 찬바람이 허공에 불어 댔다. 독립문을 지나며 돌아보니 마음이 찢어지는 듯했다. 친구가 죄 없이 감옥에 갇혀 빠져나오지 못한 채로 겨울날 차가운 감옥에서 어찌 고통을 견디나 싶어서였다. 어느 날에야 저 악한 정부를 한 주먹으로 격파하여 개혁하고 간신배들의 무리를 쓸어버리고서 당당한 문명 독립국을 만들어 속 시원히 민권民權과 자유를 얻을 수 있으랴.

생각이 여기 이르자 피눈물이 솟아나 발걸음을 떼기가 어려웠다. 그러나 상황이 어쩔 수 없어 대지팡이에 짚신 차림으로 홀로 천 리 길을 가고 있었다. 그런데 중도에 마침 고향 친구인 이성룡李成龍 씨를 만났다. 이씨는 말을 타고 와서 나에게 말했다.

"잘 만났네. 길동무가 되어 함께 귀향하면 아주 좋겠어."

내가 대답했다.

"말 타고 가는 것과 걷는 것이 같지 않은데, 어찌 동행을 하겠나."

이씨가 말했다.

"그렇지 않네. 이 말은 경성에서 가격을 정하여 주고 빌린 말인데, 날씨가 너무 추워 오래 탈 수가 없네. 자네와 몇 시간씩 나눠서 번갈아 말을 타기도 하고 걷기도 하면 길도 빠르고 심심치도 않을 테니, 부디 사양치 말게."

말을 마치고 동행하여 며칠 뒤에 연안읍延安邑에 이르렀다.[19] 그 일대는 그해에 가물고 비가 오지 않아 크게 흉년이 들 참이었다. 그때 나는 말을 타고, 이씨는 뒤에서 따라오고 있었으며, 마부(말을 끌고 온 사람)는 말을 잡고 가면서 담소를 나누던 차였다. 마부가 전봇대를 가리키면서 욕하며 말했다.

"지금 외국인들이 전봇대를 설치해서 공중의 전기를 죄다 잡아 거두어 전봇대에 가둬 버리는 바람에 하늘에 전기가 없어져 비를 내리지 못하고 이렇게 큰 가뭄이 든 것이오."

---

19 황해도 연백군에 위치해 있다.

56

내가 웃으며 한마디했다.

"그럴 리가 있는가. 그대는 경성에서 오래 산 양반이 그렇게 무식한 소리를 하시오?"

말이 끝나기도 전에 마부가 채찍으로 내 머리를 때렸다. 두세 번 맹렬하게 치고는 욕하면서 말하기를, "너는 어떤 놈이길래 나더러 무식하다 하는가?" 하였다.

나는 생각해 봐도 그 까닭을 모르겠고, 또 이 지역은 인적 없는 곳인 데다 그놈의 행동이 이처럼 흉악하니, 그저 말 위에 앉아 내리지도 않고 아무 말도 않고 하늘을 보며 크게 웃기만 하였다. 이씨가 안간힘을 써 가며 말려서 큰 화는 면했으나 내 의관衣冠은 모두 망가져 버렸다.

잠시 뒤 연안 성안에 도착하니 그곳에 사는 친우들이 내 꼴을 보고 깜짝 놀라 묻기에 그 까닭을 설명하였다. 모두 분노하여 마부를 법관에게 잡아가 벌하고자 하였으나 내가 만류하며 말했다.

"이놈은 실성한 미친놈이니 손을 더럽히지 말고 그냥 돌려보내자."

모두가 그러자 하여 마부는 무사히 돌아갈 수 있었다.

고향집에 도착해 보니 아버지의 병환은 점차 나아져 몇 개월 뒤에는 회복하셨다. 그 뒤에 이경주는 사법관이 억지로 법률을 적용하여 징역 3년에 처하여졌다가 일 년 뒤에 사면받아 나왔다. 그런데 이때 한원교가 많은 돈으로 송가宋哥와 박가朴哥 두 사람을 사주하여 이씨를 아무도 없는 곳으로 유인해 냈다. 그러고는 한가가 칼을 뽑아 이씨를 찔러 죽이고 (아아! 재물과 여색 때문에 사람의 목숨을 죽이니 후세의 경계가 될 만하다) 도망쳐 버렸다. 이에 사법부에서 명령을 내려 송가와 박가 두 사람과 그 여자는 체포되어 법률에 따라 처형되었지만, 한가는 끝내 잡히지 않았다. 슬프도다! 이씨는 참혹하게도 영원히 원혼이 되어 버렸구나.

조선인의 설움을 겪다

.

이 당시에 각 지방의 관리들이 권력을 남용하고 학정虐政을 펴서 백성의 고혈을 쥐어짜고 있었다. 관리와 백성이 서로를 마치 원수 보듯 하고 적으로 여겼다. 천주교인들은 포악한 명령에는 저항하고 토색질을 당하지 않아 관리놈들이 교인을 미워하기를 마치 외적들을 대하듯 하였다. 그러나 저들이 옳고 우리가 잘못한 일이 있으면 또 어찌할 수가 없으니, (경사가 많으면 마가 끼는 법이요, 물고기 한 마리가 바다를 흐리는 법이다.) 이때 일부 난동꾼들이 자신들이 교인이라 하면서 협잡질을 하는 일이 간혹 있었다. 관리들이 이 기회를 틈타 정부의 고관들과 비밀리에 서로 의논하여 '황해

도는 교인들의 행패 때문에 행정 사법을 실행할 수가 없다'
고 교인들을 모함하였다. 이에 정부에서 이응익李應翼[20]을
사핵사查覈使로 특파하였다. 그는 해주부에 도착하자마자
각 지역으로 순검 병력을 파견하여 천주교회의 지도자들을
불문곡직하고 잡아들여 압송하였으니, 교회가 일대 혼란에
빠졌다.[21]

내 아버지도 잡아가려고 순검 병사들이 두세 차례 찾아
왔으나 끝까지 저항하여 잡히지 않고 다른 곳으로 피신하
였다. 아버지는 관리놈들의 악행에 통분하여 장탄식을 멈
추지 못하시고 밤낮으로 술만 드시다 홧병이 나셨는데, 이

---

20 이응익은 1903년 해서사핵사海西査覈使로 임명되어 해서 지방의 천주교인
과 교회, 관청 사이에서 일어난 충돌 사건의 진상을 조사하였다.
21 1900년 황해도 해주에서 천주교 신자와 민간인들 사이에 일어난 분규가
교회와 관청의 분쟁으로 확대되는 사건이 일어났다. 여기에 선교사를 통해 프
랑스공사관까지 개입하면서 외교 문제로 비화되었으며, 이는 곧 해주를 넘어
신천, 재령, 안악, 장연, 봉산, 황주 등 여러 지방으로 확대되었다. 이를 해서교
안海西敎案이라 한다. 사태를 진정시키기 위해 정부에서는 1903년 이응익을 사
핵사로 파견하여 그 진상을 조사하게 하였다. 자세한 내용은 이응익이 남긴
「해서사핵사보海西査覈使報」에 전한다. 그러나 교회 측에서는 이응익의 조사가
편파적이라는 이유로 조사 결과에 승복하지 않아 사태가 더욱 악화되었다. 결
국 1904년 프랑스공사와 외부대신 사이에 선교 조약이 체결되고 곧이어 선교
의 자유가 전면 허용되면서 진정되었다.

것이 중증으로 악화되어 몇 개월 뒤에 집으로 돌아오셨으나 치료해도 효과가 없었다. 이 무렵 교회의 일은 프랑스 선교사들의 보호로 점차 진정되고 있었다.

그 다음 해 내가 일이 있어 다른 지방에 다녀오다 (문화군文化郡이었다.) 들으니 아버지가 이창순李敞淳의 집에 와 계시다고 하였다. (창순의 집은 안악읍安岳邑에서 매우 가까웠다.) 바로 그 집으로 가 봤지만 아버지는 이미 본가로 돌아가셨고 친구 창순과 술 한잔하며 대화하던 중에 창순이 말했다.

"이번에 자네의 부친께서 심한 욕을 당하고 돌아가셨다네."

내가 깜짝 놀라 무슨 일이냐 물으니 창순이 대답했다.

"자네 아버지께서 신병 치료 차 우리 집에 오셔서 나와 함께 안악읍으로 가 청나라 의사 서가舒哥를 방문했었네. 진료를 받고 술을 마시며 담소하는데, 그 청나라 의사가 무슨 까닭인지 자네 아버지의 가슴과 배를 발로 차서 상처를 입혔네. 하인들이 청나라 의사를 붙들어 때려 주려 하였으나 그대의 아버지께서 '오늘 우리가 이곳에 온 것은 병을 치료하고자 의사를 방문한 것인데 의사를 때리면 시비에 상관없이 다른 사람의 비웃음을 면하기 어려울 것이네. 명예를 위해 참는 것이 어떠한가.' 하고 말리셨다네. 그래서 모두가 화를 참고 돌아온 것이네."

내가 말했다.

"비록 내 아버지께서 대인의 행동거지를 지키셔서 그리하셨더라도 자식의 도리로 어찌 참고 넘기리오. 마땅히 그곳에 가서 사정을 자세히 알아보고 법정에 호소하여 그처럼 행패 부리는 습관을 벌하는 게 어떠한가."

창순이 그리하자 하여 곧바로 둘이 함께 서가를 찾아가 그 일을 물었다. 말을 몇 마디 하지도 않았는데 아, 저 오랑캐놈이 갑자기 일어나 칼을 빼들고는 내 머리를 향해 내려치는 것이었다. 나는 깜짝 놀라 급히 일어나 왼손으로 그가 내려찍는 손을 막고 오른손으로는 허리춤의 단총을 빼들어 흉부 위를 겨누었다. 내가 쏠 듯 하자 서가는 겁에 질려 어찌하지 못했다. 이러고 있던 차에 동행한 창순이 그 위급한 상황을 보고 자신의 단총을 꺼내어 공중을 향해 두 차례 발포했다.

서가는 내가 총을 쏜 줄 알고 대경실색하였고, 나 또한 상황을 알 수 없어 크게 놀랐다. 창순이 뛰어와서 서가의 칼을 빼앗아 돌에 쳐서 두동강 내었다. 창순과 나 두 사람이 반으로 나뉜 칼을 한쪽씩 잡아 서가의 발 아래로 내동댕이치자 서가는 땅에 엎드렸다.

그런 뒤에 나는 법관에게 가서 앞뒤 사정을 고하였으나, 법관이 말하기를 외국인의 일이라 판결할 수 없다 하였다. 이에 다시 서가의 처소로 돌아갔으나 고을 사람들이 모여서 만류하기에 서가를 내버려두고 창순과 각자의 본가로 돌아갔다.

오륙일 뒤 한밤중에 누군지 일고여덟 명이 갑자기 상순의 집에 침입하여 그 부친을 마구 때리고 잡아갔다. 상순은 바깥채에서 자고 있다가 화적들이 나타난 줄 알고 손에는 단총을 들고 쫓아가니 그 놈들이 상순을 향해 총을 쏘았다. 상순 역시 총을 쏘며 생사를 돌아보지 않고 돌격하자 그들이 상순의 아버지를 버리고 도망가 버렸다.

그 다음 날 자세히 알아본즉, 서가가 진남포鎭南浦[22]의 청나라 영사에게 가서 호소하여 청나라 순사 두 명과 한국 순사 두 명을 보내 안씨를 잡아오라는 명령을 내렸는데, 저들이 우리집으로 오지 않고 공연히 이창순의 집에 침입한 것이었다.

내가 이러한 내용의 서신을 받고 즉시 길을 떠나 진남포로 가서 알아보니 청나라 영사가 이 일을 경성의 공사에게 보고하여 한국의 외무부에 알리기로 했다 하였다. 나는 바로 경성으로 가서 전후 사정을 들어 외무부에 청원하였다. 다행히 진남포 재판소로 환부한 뒤 다시 판결하기로 결정이 났다. 서가와의 공판에서 서가의 만행이 모두 드러나자 서가가 잘못했고 안가는 옳다고 판결이 났다. 뒤에 한 청나라 사람의 주선으로 서가와 서로 만나 피차 간에 사과하고는 화해하고 지내기로 하였다.

그사이에 나는 홍 신부와 크게 다툰 일이 있었다. 홍 신부는 항상 교인들을 강압적으로 대하는 폐단이 있어 나와 여

---

22 평양 인근의 무역항. 조선 시대에는 삼화현三和縣의 작은 어촌에 불과했으나 1894년 청일전쟁으로 일본군의 병참기지가 되면서 국제 무역항으로 성장하였다. 1906년 진남포鎭南浦로 개칭하였는데, 청일전쟁 당시 일본이 청나라 군대를 진압하고 남포에 상륙하였다고 하여 '누를 진鎭' 자를 붙여 진남포라 하였다 한다.

러 교우들이 서로 상의하여 말하기를, "성스러운 교회에 어찌 이런 도리가 있을 수 있는가. 우리가 경성에 가서 민 교주님께 청원해 보고, 만일 교주님도 들어주지 않으면 로마부 교황님께 아뢰어서라도 이러한 관습을 막도록 하는 것이 어떻겠소." 하니 모두가 그렇게 따르기로 하였다.

이때 홍 신부가 그 말을 듣고는 크게 분노하여 나를 무수히 때려 댔다. 나는 화를 꾹 참고 그 모욕을 인내했다. 그 뒤에 홍 신부가 나에게 말하길, "잠시 화가 났던 것은 감정이 욱했을 뿐이니 서로 용서하고 회개하는 것이 어떠한가." 하여 나도 감사하다 하며 사이좋게 지내기로 하여 전일의 우정을 회복했다.

큰 뜻을 세우다

세월이 지나 1905년(을사)이 되었다. 인천항만에서 일본과 러시아 두 나라의 포성砲聲이 진동하니 동양에 큰 문제가 벌어지기 시작했다는 소식이 들려왔다.[23] 홍 신부는 탄식하며 말했다.

"한국이 장차 위태로워지겠구나."

내가 물었다.

"왜 그렇소?"

---

23 1904~1905년 발발한 러일전쟁을 말한다. 전쟁의 결과 시모노세키조약을 통해 일본은 요동반도의 영유권을 확보하였으며, 또한 아시아의 주도권을 차지함으로써 한일합방에 박차를 가해 이토 히로부미의 주도로 을사늑약을 체결하였다.

홍 신부가 말했다.

"러시아가 이기면 러시아가 한국의 주인이 되고, 일본이 이기게 되면 일본이 한국을 관할하고자 할 것이니 어찌 위태로워지지 않겠는가."

이 당시 나는 매일 신문과 잡지에서 각국의 역사를 살펴보고 과거와 현재, 미래의 일을 헤아려 보고 있었다. 러일전쟁이 강화가 이루어지며 끝난 뒤 이토 히로부미伊藤博文가 한국으로 와 정부를 위협하여 5조약을 강제로 체결하니, 삼천리 강산과 이천만 인심이 혼란에 빠져 바늘 위에 앉아있는 듯하였다.[24]

---

24 을사늑약을 말한다. 을사늑약은 1905년 11월 17일 일본이 한국의 외교권을 박탈하기 위해 강제로 맺은 조약으로, 원명은 한일협상조약이다. 제2차 한일협약, 을사조약, 을사5조약이라고도 한다. 이때 조약 체결에 찬성한 박제순, 이지용, 이근택, 이완용, 권중현 등 다섯 명을 '을사오적乙巳五賊'이라 칭한다. 이듬해인 1906년 2월 서울에 통감부가 설치되고, 이토 히로부미가 초대 통감으로 취임하여 외교뿐 아니라 내정에까지 간섭하였다. 이에 대한 저항도 전국각지에서 일어난다. 장지연張志淵은 1905년 11월 20일자 『황성신문』에 논설 「시일야방성대곡是日也放聲大哭」을 발표하여 일본을 규탄하였으며 전국에서 조약의 무효화를 주장하고 을사5적을 규탄하는 반대 시위가 활발히 일어났다. 고종은 을사조약의 체결 직후 미국에 체류 중이던 황실 고문 헐버트Hulburt, H. B.에게 조약이 무효함을 미 정부에 알리게 하였고, 전국에서 민영환閔泳煥, 송병찬宋秉瓚 등을 위시로 유생과 관료들의 자결이 잇따랐다. 보다 적극적으로는 민종식閔宗植, 최익현崔益鉉, 신돌석申乭石, 유인석柳麟錫이 각각 의병을 일으켰

이때 우리 아버지의 마음에 울화병은 더욱 심해지고 있었다. 아버지와 나는 비밀리에 상의했다.

"러일전쟁이 일어났을 때 일본이 전쟁을 선포한 글에서는 동양 평화를 유지하고 한국의 독립을 굳건히 하겠다더니 지금 일본은 이러한 대의를 지키지 않고 한국을 침략하려는 흑심을 드러내고 있습니다. 이는 모두 일본의 높은 정치가인 이토의 정략입니다. 먼저 늑약을 체결하고 그 다음엔 뜻있는 무리를 괴멸한 뒤 우리 국토를 삼키려 하는 것이 지금 나라를 망하게 하는 새로운 법입니다. 만일 속히 도모하지 않는다면 큰 화가 있을 것이니, 어찌 속수무책으로 앉아서 죽기만을 기다릴 수 있겠습니까. 그러나 지금 의병을 일으켜 이토 히로부미의 정책에 반대한다해도 강약이 같지 않아 헛되이 죽을 뿐 아무런 이득이 없을 것입니다. 듣자 하니 청나라의 산동山東과 상해上海 같은 지역에 한국인들이 여럿 거주하고 있다 하니 우리 가족도 모두 그곳으로 이주

고, 을사오적에 대한 암살 시도도 이루어졌다. 이와 함께 유교와 기독교 단체를 중심으로 국민의 계몽과 항일구국운동을 전개하는 구국계몽운동도 활발히 펼쳐졌다.

하여 뒷날의 방책을 잘 도모하는 것이 어떻겠습니까. 제가
먼저 그곳에 가서 살펴보고 돌아오겠습니다. 아버지께서는
그 사이에 비밀리에 짐을 꾸려 가족들을 데리고 진남포로
가 제가 돌아오는 날을 기다리셨다가 다시 의논하고 시행
하십시다."

이렇게 부자간에 계획이 다 정해졌다. 나는 곧장 길을 떠
나 산동 지역을 다 돌아본 뒤 상해에 도착해 민영익閔泳翊[25]
을 찾아갔다. 문을 지키던 하인이 문을 닫고 들여보내주지
않으며 말했다.

"대감께서는 한국인들을 만나지 않으시오."

이날은 물러났다가 뒤에 두세 차례 더 방문했으나 이전
과 같이 만날 수 없었다. 이에 나는 크게 질타하여 말했다.

"그대가 한국인으로서 한국인을 만나지 않으면, 어느 나
라 사람들을 만난단 말이오. 하물며 그대는 한국에서 대대
로 나라의 녹을 먹는 신하로서 이 위태로운 때에 백성을 사

---

25 1860~1914. 민씨 세도 정권의 중추적 인물이었으나 개화파와는 거리를
두었다. 안중근이 방문했을 때 그는 을사늑약 체결 뒤 상하이上海(상해)로 망
명한 상태로, 그곳에서 생을 마감했다.

랑하는 마음은 조금도 없이 높은 베개를 베고 편히 누워 조국의 흥망에 대해선 잊어버리니, 세상에 무슨 이런 의리가 있소? 오늘날 국가가 위급해지게 된 죄가 모두 그대 같은 대관들에게 있지 민족의 잘못이 아닌 까닭에 얼굴이 부끄러워 만나지 않는 것이오?"

이렇게 한참 동안 욕을 해 주고 돌아와서 다시는 찾아가지 않았다. 그 뒤에 서상근徐相根[26]을 방문해서 이야기를 나누었다.

"현재 한국의 형세가 위태하여 운명이 조석朝夕 간에 달렸으니 어떻게 하는 것이 좋겠소. 대책이 없겠소?"

서상근이 말했다.

"그대는 한국의 일을 나에게 묻지 마시오. 나는 일개 상인일 뿐이오, 수십만 원의 재산을 정부의 높은 관료놈들에게 빼앗기고 피신해서 여기 오게 된 것뿐이오. 더구나 국가의 정치가 일반 백성들에게 무슨 상관이 있단 말이오?"

내가 웃으며 답했다.

---

26 인천 출신 부호로, 이용익李容翊과 함께 쌀 장사를 하다 충돌하여 상하이로 망명한 인물이다. 자세한 행적은 알려지지 않았다.

"그렇지 않소. 그대는 하나만 알고 둘은 모르시오. 백성이 있지 않다면 국가가 어찌 존재하겠소. 하물며 국가는 그저 몇몇 대관들의 국가가 아니라 당당한 이천만 민족의 국가요. 만일 국민이 국민의 의무를 다하지 않는다면, 민권과 자유를 얻을 리가 있겠소. 지금은 민족의 세계인데 어찌 한국 민족만이 남의 밥이 되어 앉아서 얌전히 멸망을 기다리는 것이 옳다 하겠소."

서상근이 대답했다.

"그대의 말은 그럴싸하나, 나는 다만 상업으로 먹고살 뿐이오. 다시는 나에게 정치 얘길랑 하지 마시오."

내가 두세 차례 더 이야기해 보았으나 전혀 반응이 없으니 마치 소 귀에 경 읽기와 같았다. 하늘을 우러러 탄식하고 스스로 생각하기를, '우리 한국인들의 뜻이 모두 이와 같다면 국가의 앞날은 말하지 않아도 알 수 있다' 하였다. 여관으로 돌아와 누워서 이리저리 생각해 보니 비분강개한 마음을 금할 길이 없었다.

하루는 천주교당을 방문하여 오랫동안 기도하고는 문을 나서 멀리 바라보던 중 갑자기 한 신부가 내 앞을 지나다가

고개를 돌려 나를 바라보았다. 서로 마주보고 같이 놀라서 '자네가 여기 웬일인가' 하고 악수하며 인사했다. 이 신부는 곽郭 신부[27]였으니, (곽 신부는 프랑스인으로, 전도하러 한국에 와서 황해도 지방에 수년간 머물렀다. 나와는 절친하였고 막 홍콩에서 한국으로 돌아가던 길이었다.) 정말로 꿈꾸는 듯했다. 둘이 함께 여관으로 돌아와 담소를 나누던 중 곽 신부가 말했다.

"자네는 여기 무슨 일로 왔는가?"

내가 대답했다.

"신부님은 지금 한국의 참상을 못 들으셨소."

곽 신부가 말했다.

"들은지 오래되었지."

내가 말했다.

"상황이 이와 같은데 다른 방도가 없어 부득이 가속을 이끌고 외국에 안전하게 이주하게 한 이후에, 재외 동포들을

---

27 르각(1876~1914, Le Gac) 신부. 한국명 곽원량郭元良. 1899년 황해도 재령성당에 초대 주임으로 부임한 이후 해서교안을 겪는 과정에서 안중근 일가와 깊은 친분이 생긴 듯하다.

연합하여 여러 나라를 돌며 억울하고 원통한 상황을 설명하여 공감을 얻을 것이오. 그 뒤에 때를 기다리다 기회가 왔을 때 한 번 거사를 일으키면 어찌 목적을 이루지 못하리오."

곽 신부는 한참을 아무 말 없다가 말했다.

"우리 종교인들은 전교사라 정치와는 아무 관련이 없네. 그러나 지금 자네의 말을 들으니 울컥하는 마음을 이길 수 없어 자네를 돕고자 방법 하나를 말해 보려 하니, 잠시 한 번 들어 보고 이치에 맞다 싶으면 따르고 그렇지 않으면 그대 뜻대로 하소."

내가 말했다.

"그 계책을 듣고 싶습니다."

곽 신부가 말했다.

"자네의 말은 그럴듯하긴 하지만 하나만 알고 둘은 모르는 것일세. 가속을 국외로 이주시키는 것은 잘못된 계획이네. 이천만 민족이 모두 자네와 같이 한다면 국내가 장차 텅 빌 것이니 이게 바로 원수들이 바라는 바라네. 우리 프랑스와 독일이 전쟁할 때에 두 지방을 내어 준 것은 자네도 잘 알 걸세. 오늘날까지 40여 년간 그 지방을 회복할 기회는 수차례 있었으나 그 지역의 뜻있는 무리들이 외국으로 몸을 피하여 목적을 이룰 수 없었으니 이 일을 전철前轍로 삼을만할 것이네.[28]

재외 동포로 말하자면 국내 동포에 비해 사상이 배는 투철하여 도모하지 않아도 함께 할 터이니 염려하지 않아도 된다지만, 열강의 움직임을 말하자면 자네의 억울하고 원통한 설명을 듣고는 모두 가엾다고 할 뿐 한국을 위하여 군대를 움직여 성토해 주지는 않을 것이 분명하네. 지금 각국이 이미 한국의 참상을 알고도 각자 자기 나라의 일로 바빠 아무도 타국의 사정을 돌아봐 주지 않고 있네. 만약 훗날 운이 따르는 때가 되면 혹 일본의 불법 행위를 성토할 기회가 있을 것이나, 지금 그대의 설명은 별 효력이 없을 거란 말일세. 옛글에 이르기를 스스로 힘쓰는 자를 하늘이 돕는다 하였으니 자네는 속히 귀국하여 우선 자네가 할 일에 힘

---

28 1870~71년 프랑스-프로이센 전쟁의 결과로 알자스-로렌 지역이 독일령이 된 일을 말한다. 이 시기를 다룬 유명한 작품으로 프랑스 작가 알퐁스 도데의 『마지막 수업』이 있으나, 역사적으로 프랑스의 영향을 많이 받은 로렌 지방과 달리 이 소설의 배경이 되는 알자스 지방의 경우 본래 독일계가 우세한 지역이었다.

을 쓰게.

첫째는 교육을 발달시키는 것이요, 둘째는 사회를 확장시키는 것이요, 셋째는 인민의 뜻을 단합시키는 것이요, 넷째는 실력을 양성하는 것이니, 이 네 가지가 확실히 이루어지면 이천만의 마음이 반석처럼 견고해져 비록 천만 개의 대포가 공격해도 격파하지 못할 것이네. 이것이 이른바 필부의 마음도 빼앗지 못한다는 것이니, 하물며 이천만 사람들의 마음이라면 어떠하겠는가.

그렇게 되면 강토를 빼앗긴 것도 형식상일 뿐이요, 억지로 조약을 맺었다는 것도 종이 위의 공허한 글자일 뿐이라 허사로 돌아갈 뿐이리. 그때가 되면 쉽게 일을 이루고 반드시 목적을 달성할 수 있을 거라네. 이러한 방책은 만국에 통용되는 예이므로 이처럼 말한 것이니, 한 번 헤아려 보시게."

듣기를 마치고 내가 대답했다.

"신부님의 말씀이 좋습니다. 따르고자 합니다."

그러고는 곧장 짐을 꾸려 증기선을 타고 진남포로 돌아왔다.

1905년 12월 상해로부터 진남포로 돌아와 집안 소식을

알아보았다. 그 사이에 가족들은 청계동을 떠나 진남포에
도착했으나, 도중에 아버지께서 병세가 위중해져 세상을
떠나서서 가족들이 다시 돌아가 아버지의 영구를 청계동에
모셨다 하였다. 듣기를 마치고는 통곡하고 기절하기를 여
러 번 하였다. 다음 날로 길을 떠나 청계동에 도착하여 빈소
를 설치하고 며칠 간 재계를 지킨 뒤 상례喪禮를 끝마쳤다.
가족들과 이곳에서 겨울을 보냈다. 이때 술을 끊기로 맹세
하고, 그 기한은 대한 독립의 날로 정했다.

블라디보스토크에서
결의하고

이듬해 춘삼월, 가속들을 이끌고 청계동을 떠나 진남포
로 이주했다. 양옥 한 채를 지어 집안을 안정시킨 뒤에 가
산을 기울여 학교 두 곳을 설립하였으니, 하나는 삼흥학교
三興學教요, 또 하나는 돈의학교敦義學校이다.[29] 교무 역할을
맡아 청년 영재를 교육하였다.

---

29 안중근은 먼저 삼흥학교를 설립하고, 천주교회의 부설 교육 기관이었으나
심각한 재정난에 직면해 있던 돈의학교도 인수하여 구국 영재를 양성하는 교
육기관으로 사실상 재설립하였다. 안중근은 교장을 맡아 학교의 규모를 키우
는 한편, 안창호 등 저명한 애국지사를 초청하여 강연회를 개최하기도 하고,
특히 군대식 훈련인 교련敎鍊 과목을 중시하였다. 1907년 안중근은 돈의학교
교장직을 사임하면서 "도끼가 내 앞에 놓여 있더라도 인仁을 반드시 실천하
고, 솥이 내 뒤에 있어도 의義를 본다면 반드시 나아가리라. 斧鉞在前 臨仁必踐 鼎鑊
在後 見義必往"는 고별사를 남겼다.

그 다음 해 봄 어떤 사람이 찾아왔는데, 그 기상을 보니 위풍이 헌걸찬 것이 자못 도인의 풍모가 있었다. 통성명을 한즉 김 진사金進士라고 하였다. 그분이 말했다.

"나는 본래 그대 부친과 친분이 깊어 이리 찾아왔다네."

내가 말했다.

"선생께서 천 리 길을 마다하지 않으시고 오셨으니 고견을 들려주시겠습니까."

그가 말했다.

"그대의 기개를 가지고 이같이 나라의 운명이 위태롭고 혼란한 때에 어찌 앉아서 죽기만을 기다리고 있는가?"

내가 말했다.

"무슨 계책이 있으십니까?"

그가 말했다.

"지금 백두산 뒤 서북西北 땅 간도墾島와 러시아 영토인 블라디보스토크 등지에 한국인 백여 만 명이 살고 있는데, 물산이 풍부하여 가히 군대를 기를 만한 곳이다. 그대의 재주로 그곳에 가면 뒷날 반드시 큰일을 이룰 수 있을 것이다."

내가 말했다.

"마땅히 가르침을 따르겠습니다."

말을 마치고 손님은 작별하고 떠났다.

이 당시 나는 재정을 마련하기 위해 평양으로 가서 석탄 광산 사업을 하였지만, 일본인의 방해로 수천 원에 달하는 많은 재산이 손해가 났다. 이때 한국인들이 국채보상회를 발기하여 공론이 모이고 있었다.[30] 그러자 일본 별순사別巡査 한 명이 와서 조사하고 캐고 다녔다.

"회원 수는 몇이고, 재정은 얼마나 모였는가?"

내가 대답했다.

"회원은 이천만 인이요, 재정은 1,300만 원을 모아서 국채를 보상하려 한다."

일본인이 욕을 해 대며 말했다.

"한국인은 하등한 인종인데 무슨 일을 할 수 있겠나?"

내가 말했다.

---

30 1907년 일본은 한국을 예속시키기 위해 대한제국에 강압적으로 차관을 주었다. 대일 국채가 일 년 만에 1,300만 원까지 늘어나자 이에 저항하기 위해 전국적으로 국민들의 모금을 통한 국채보상운동이 일어났다. 하층민까지 모두 담배를 끊고, 금은 비녀와 노리개는 물론 심지어 머리칼을 잘라 파는 민족운동이 일어났으나 결국 일제의 방해로 모금액을 몰수당하며 실패했다.

"빚을 진 자는 빚을 갚는 것이고, 빚을 준 사람은 빚을 받으면 되는 것인데, 무슨 불미스러운 일이 있다고 이같이 질투하고 욕을 해 대는고?"

그 일본인이 화를 내며 나를 때리려 달려들기에 내가 말했다.

"내가 이처럼 이유도 없이 욕을 당한다면 대한의 이천만 민족이 장차 큰 압제를 면할 수 없을 것이다. 어찌 국가의 치욕을 달게 받으리오?"

해서 나도 화를 내며 서로 무수히 때렸다. 그러자 옆에서 보던 사람들이 온 힘을 다해 만류하여 그만두고 돌아왔다.

1907년 이토 히로부미가 한국으로 와 7조약을 강제로 체결하여, 광무황제光武皇帝를 폐위하고 군대를 해산하였다. 이에 이천만 인민들이 모두 떨쳐 일어나 곳곳에서 의병을 일으켜 봉기하니, 삼천리 강산에 포성이 진동하였다.[31]

---

31 정미7조약을 말한다. 정식 명칭은 한일신협약이며, 제3차 한일협약이라고도 한다. 1907년 을사조약의 무효를 세계에 알리려 한 헤이그 밀사 사건이 실패하자 일제는 이토 히로부미의 주도로 고종을 강제 퇴위시키고 한국의 국권을 빼앗는 내용의 한일신협약을 체결하였다. 공포된 7조약 외에 군대 해산과 사법권 및 경찰권을 일제가 운영한다는 내용의 비밀 각서가 포함되어 있었으며 이에 따라 1907년 군대가 해산되고, 이에 저항하여 전국적인 항일 의병 운

이때 나도 급히 행장을 꾸려 가족들과 이별하고 북간도로
향했다.

도착해 보니 그곳 역시 일본 군대가 막 와서 주둔하고 있
어 도무지 발붙일 곳이 없었다.[32] 그리하여 3개월간 각 지
방을 살펴본 뒤에 다시 북간도를 떠났다. 러시아 영토로 들
어가 얀치혜煙秋[33]를 지나 블라디보스토크에 도착했다. 이
항구 도시에는 한국인 사오천 명이 거주하고 있었으며, 학
교도 몇 곳이 있고, 청년회도 있었다.

나도 청년회에 참여하여 임시사찰臨時查察로 선출되었다.
이때 어떤 사람이 허락도 없이 사담을 하여 내가 규칙대로
금지시켰더니, 그 사람이 발끈 화를 내며 내 귀뺨을 수차례
때렸다. 여러 회원들이 말리며 화해를 권하기에 내가 웃으

동이 일어났다.

32 철종 말-고종 초에 조선인들이 청과의 국경 지대로 출입이 금지되었던 간
도에 이주하여 정착하기 시작하였다. 1881년부터는 청나라도 청인들의 간도
이주와 개간을 장려하면서 영토 분쟁이 발생하게 된다. 을사조약 뒤 대한제국
에게서 외교권을 박탈한 일본 역시 이 땅을 차지하기 위해 1907년 조선통감
부 간도파출소를 설치하고 주둔하였으나, 1909년 청나라에 간도의 영유권을
넘겨 버렸다.

33 1868년 형성된 러시아 연해주 하산구의 한인 마을. 시모노보, 크라스키노
라고도 한다.

며 그 사람에게 말했다.

"오늘날 이른바 사회라는 것은 여러 사람의 힘을 모아 주장으로 삼는 것인데 이같이 서로 싸우면 어찌 다른 사람의 웃음거리가 되지 않겠소. 시비를 따질 것 없이 화목하게 지내는 것이 어떠시오."

이렇게 하니 사람들이 모두 칭찬하고 폐회하였다. 그 뒤에 귓병을 얻었는데 증상이 심해져 한 달여가 되어서야 나아졌다.

이 지역에 이범윤李範允이라는 사람이 있었다.[34] 이 사람은 러일전쟁 전에 북간도 관리사管理使로 임명되어 청나라 군대와 여러 차례 교전하였다 한다. 일본과 러시아가 전쟁을 일으켰을 때에는 러시아 군대와 힘을 합하여 서로 도왔다가, 러시아 군대가 패전하여 귀환하던 때 함께 러시아로 와 지금까지 살고 있었다. 나는 그 사람을 찾아가서 이렇게 말했다.

---

34 1856~1940. 일본에 대한 무장 투쟁을 이끈 독립운동가. 1918년 신채호, 김동삼, 박용만 등 38명과 함께 무오독립선언서를 발표하여 한일합병의 무효와 무력 대항을 선언하기도 하였다.

"귀하께서 러일전쟁 때 러시아를 도와 일본을 쳤으니 이는 하늘의 뜻을 거스른 것이오. 왜 그런고 하니, 이때에는 일본이 동양의 대의를 들어 동양 평화를 유지하고 대한을 독립시키겠다는 굳건한 뜻을 세계에 선언한 뒤에 러시아를 성토하였기 때문이오. 이는 이른바 하늘의 뜻에 순응하는 것이라 큰 승리를 거둘 수 있었소. 지금 귀하가 다시 의병을 일으켜 일본을 성토한다면 이는 하늘의 뜻에 순응한다고 할 수 있소. 지금 이토 히로부미가 스스로 그 공을 어그러뜨리고 망령되이 자만하여 방약무인하고 매우 교만하며 악행이 극에 달해 위로는 군주를 시해하고 여러 목숨들을 함부로 죽이며 이웃 나라와의 정을 단절하고 세계의 신의를 배신하니, 이것이 이른바 하늘을 거스른다는 것이라, 어찌 오래 갈 수 있겠는가? 속담에 이르기를, 해가 뜨면 이슬은 사라지는 것이 이치요, 날이 차면 반드시 기우는 것이 또한 이치에 합당하다 하오. 지금 귀하께서는 황상의 성은을 입고 국가가 위급한 때를 당하여 수수방관하면 되겠소? 만일 하늘이 주는 것을 받지 않는다면 재앙을 받게 될 것이니, 각성하지 않을 수 있으리오. 바라건대 귀하께서는 속히 거사를 일으켜서 이 시기를 놓치지 마시오."

이씨가 말했다.

"그대의 말이 비록 이치에 합당하나, 재정과 무기를 준비할 방도가 없으니 어찌해야 하오."

내가 말했다.

"조국의 흥망이 조석에 달려 있는데 그저 팔짱 끼고 앉아 기다리기만 하면 재정과 무기가 하늘에서 갑자기 떨어지겠소? 천명에 응하고 사람들을 따르면 무슨 어려움이 있겠는가. 지금 그대가 거사를 결심한다면 내가 비록 재주는 없으나 만분지일이라도 항상 도울 것이네."

그러나 이범윤은 여전히 결정하지 못하였다.

그곳에 두 명의 호인이 있었으니, 한 명은 엄인섭嚴仁燮이요, 또 한 명은 김기룡金起龍이었다.[35] 두 사람은 담력과 의협심이 자못 출중하였다. 나와 이 둘은 의형제를 맺었으니, 엄인섭이 큰 형이 되고, 내가 그 다음, 김기룡이 셋째였다. 그 후로 세 사람의 의리가 무겁고 정이 도타와 의병을 일으

---

35 이 중 엄인섭(1875~1936)은 안중근의 이토 히로부미 저격 이후 변절하여 일제 밀정으로 활동했던 것으로 악명이 높다.

킬 일에 대해 상의하며 여러 지방을 탐방하고 많은 한국인들을 찾아다니며 연설하였다.

"한 집안에 비유하여 말해 봅시다. 어떤 사람이 그 부모 형제와 이별하고 10여 년간 떨어져 살았는데, 그 사이에 그 사람의 가산이 넉넉해져 처자가 집에 가득하고, 벗들과 친교하며 안락하여 염려가 없다면, 필경 본가의 부모 형제를 망각하게 되는 것은 자연스러운 법이오. 그러나 어느 날 본가의 형제 중에 한 사람이 와서 급하게 전하기를, '지금 집안에 큰 화가 닥쳤소. 근래에 다른 지역의 강대한 도적이 와서 마침내 부모님을 내쫓고 집을 빼앗아 살면서 형제들을 살해하고 재산을 노략질하니, 어찌 통탄하지 않으리오. 부디 형제께서 속히 돌아와 도와주기를 절박하게 간청하오.' 하였소. 그런데 그 사람이 '지금 나는 이곳에서 안락하여 근심 없이 살고 있으니, 본가의 부모 형제가 나와 무슨 상관이오?' 하고 대답한다면, 이를 사람이라 하겠소, 금수라 하겠소? 옆에서 보던 사람들마저 '이 사람은 본가의 부모 형제도 몰라 보니, 어찌 우정인들 알겠는가.' 하고 반드시 배척하여 정을 끊을 것이오. 가족과 연을 끊고 친우와 절교한 사람이 무슨 면목으로 세상에 서겠소? 동포여! 동포여! 부디 내 말을 잘 들어주오. 지금 우리 한국의 참상은 여러분도 잘 알고 있지 않소? 일본과 러시아가 전쟁할 때에 전쟁을 선포하는 문서에서는 동양 평화를 유지하고 한국의 독립을 공고히 하겠다더니, 지금 와서는 저 막중한 의리를 지키지 않고 도리어 한국을 침략하여 5조약, 7조약을 억지로 체결하고 정권을 장악하고는 황제를 폐위하고 군대를 해산하고 철도와 광산과 산림과 하천을 강탈하지 않음이 없소. 관아의 각 관청과 민간의 넓은 집들은 병참兵站이라는 핑계로 몰수하여 살던 사람들을 내쫓고, 비옥한 전답과 오래된 묘지들도 군용지라 하며 푯대를 꽂고 다 파헤쳐 버리니 화가 백골에까지 미쳤다오. 그 국민된 자로서, 또한 그 자손된 자로서 누가 분노를 참고 치욕을 견딜 수 있겠소? 그러므로 이천만 민족이 일제히 분발하여 삼천리 강산에 의병이 곳곳에서 봉기한 것이오. 아아! 저 강대한 적이 도리어 우리를 폭도라 하며 군대를 보내 토벌하고 참혹하게 살육하니, 2년 동안 해를 입은 한국인이 수십만 명에 이르렀소. 강토를 약탈하고 생명을 살해한 자들이 폭도요, 자신의 나라를 지키고 외적을 방어하는 자들이 폭도요? 그야말로 도적놈이 도리어 작대기 들고 나서는 격이오.

한국에 대한 정책이 이와 같이 잔혹하고 난폭해진 원인을 말하자면 모두 저 일본의 대정치가라는 노회한 이토 히로부미의 난폭한 행위 때문이오. 이천만 한국인이 일본의 보호를 받고 싶어하며 지금은 태평천하라 날로 평화롭게 발전하고 있다는 말로 위로는 천황을 속이고 밖으로는 세계열강들을 기만하며 이목을 가리고 있는 것이오. 그리고 마음대로 농간하여 하지 못하는 일이 없으니, 어찌 통렬히 분노하지 않으리오. 우리 한민족이 저 도적을 주살하지 않으면 한국은 반드시 멸망하고 말 것이며, 동양도 장차 그렇게 될 것이오.

여러분! 여러분! 잘 생각해 주시오. 조국을 잊으셨는가! 선대의 백골을 잊으셨는가! 친척들을 잊으셨는가! 잊지 않았다면 이렇게 존망이 위급한 때에 분발하여 맹렬히 각성해 주오. 뿌리 없는 나무가 어디서 날 것이며, 나라 없는 백성이 어디에 거처한들 편안하겠소. 만약 여러분이 외국에 살면서 조국과 아무 관계가 없다 하며 전혀 돌보지 않는다는 것을 러시아 사람들이 알게 되면 필경 '한국인들은 그 조국도 알지 못하고 그 동족도 사랑하지 않으니 외국인을 어찌 도우며, 외국인을 어찌 사랑하겠는가. 이들은 무익한 인종이라 아무 쓸 데가 없다.' 하는 여론이 들끓어 얼마 지나지 않아 마침내 러시아 국경 밖으로 쫓겨날 것이 명약관화하다오. 그러한 때가 되었을 때 조국의 강토는 이미 외적에게 빼앗겼고 외국인들은 모두 배척하여 받아 주지 않으면 노인을 업고 아이의 손을 끌며 장차 어디로 가서 평안하겠소.

여러분! 폴란드 사람들의 학살과 흑룡강 상류 청나라 사람들의 참상을 듣지 못하였소? 망국민들과 강대국 사람들이 동등하다면 망국을 무에 염려하며, 강국을 왜 좋아하겠소. 나라를 막론하고 망국민은 그처럼 참혹하게 살해당하고 학대받는 것을 피할 수 없으니, 그런즉 오늘날 우리 한국인이 위급한 때를 만나 어떻게 하면 좋겠소. 이리저리 생각해 봐도 한 번 의병을 일으켜 도적을 토벌하는 것 외에는 다른 방법이 없다오. 어찌 그런고 하니, 지금 한국 땅의 13개 도道 강산에 의병이 봉기하지 않은 곳이 없소. 만일 의병이 패배하는 날에는 아아! 저 간악한 도적놈들이 좋고 나쁨을 따지지 않고 폭도라 하면서 사람들을 죽일 것이오. 집집마다 불질러 버릴 것이니 그렇게 된 뒤에는 한국 민족이라는 사람들이 무슨 면목으로 세상에서 행세하겠소?

그런즉 지금 한국인들은 국내외나 남녀노소를 막론하고 총을 들고 칼을 차고 일제히 의거하여 승패를 돌아보지 않고 통쾌하게 한바탕 싸운 뒤에야 천하 후세의 웃음거리를 면할 수 있을 것이오. 만일 그렇게 애써 싸운다면 세계 열강들의 공론이 없지 않으리니 독립의 희망을 가질 수 있소. 하물며 일본은 5년 안에 반드시 러시아, 청나라, 미국 삼국과 전쟁을 일으킬 것이니 이때가 한국의 일대 기회라. 지금 한국인들이 준비해 두지 않는다면 일본이 비록 패배한다 해도 한국은 다시 다른 도적의 수중에 들어가고 말 것이오. 오늘로부터 의병을 일으켜 그만두지 않고 이어가 큰 기회를 잃지 않아야만, 우리 자신의 힘으로 국권을 직접 회복하여 독립을 이룬다 할 수 있소. 능히 할 수 없다고 하는 자야말로 만사가 망하는 근본이요, 능히 할 수 있다고 하는 자가 바로 만사가 흥하는 근본이라 하였으며, 스스로 돕는 자를 하늘이 돕는다 하였소. 여러분께 청하노니, 앉아서 죽음을 기다리는 것이 옳겠소, 발분하여 힘을 다하는 것이 옳겠소? 이렇고 저렇고 간에 각성하고 결심하며, 숙고하여 생각하고 용감하게 나아가기를 바랍니다."

　이렇게 설명하며 각 지역을 돌아다녔다. 들은 사람들이 많이들 따랐으니, 출전을 자원하기도 하고, 무기를 내어놓기도 하고, 의병을 위한 기금을 내주기도 하며 도왔다. 이에 의병을 일으킬 기초가 만들어졌다.

의병을 일으키다

이때 김두성金斗星과 이범윤 등이 모두 함께 의병을 일으
켰다.[36] 이들은 예전에 이미 총독과 대장으로 임명된 사람
들이었고, 나는 참모중장으로 선출되었다. 의병과 무기 등
을 비밀리에 운송하여 두만강 인근 지역에 집결시킨 뒤 큰
일을 도모했다. 이때 나는 다음과 같이 주장했다.

"지금 우리는 삼백여 명에 불과한데, 적은 강하고 우리는

[36] 안중근은 연해주 한인 사회의 지도적 인물이자 거부인 최재형崔在亨의 재
정적 지원으로 1908년 4월 동의회同義會라는 의병 부대를 조직하였다. 최재형
이 총장을, 이범윤李範允이 부총장을 맡고, 회장은 이위종李瑋鍾, 우영장은 안중
근 등이었다. 여기서 언급된 김두성은 신원이 불확실하나 의병장 유인석의 가
명이라는 설이 있다. 동의회 의병 부대의 규모는 3백 명 정도로, 얀치혜를 근
거지로 군사 훈련을 실시하였으며 국내 진공 작전을 계획하였다.

약하므로 적을 가벼이 여겨서는 안 된다. 하물며 병법에 이르기를 백 번 분주한 중에도 반드시 만전을 기울여 계책을 세운 뒤라야 큰일을 도모할 수 있다 하였다. 지금 우리가 한 번 의병을 일으켜 성공할 수 없음은 분명하다. 그러나 만일 한 번에 성공하지 못하면 두 번 세 번, 그리고 열 번에 이르기까지 백 번 꺾여도 굴하지 않고, 올해 이루지 못하면 다시 내년을 도모하고, 내년에는 또 그 다음해를 도모하여 10년, 100년이라도 좋다. 만일 내 대에서 목적을 이루지 못한다면 자식의 대에서, 손자의 대에서라도 반드시 대한국의 독립권을 회복한 뒤라야 멈출 것이다. 그런즉 부득불 앞서 나가든, 뒤에서 가든, 빠르든 늦든, 먼저 준비하든 뒤에 준비하든 간에 모두 준비해 나간 뒤라면 반드시 목적을 달성할 것이다. 그러니 오늘 먼저 출사하는 자들은 병약하거나 노인이라도 합당하다. 그 다음 청년들은 단체를 조직하고 인민의 뜻을 단결시켜 어려서부터 교육하여 뒷날을 준비하는 한편, 각종 실용적인 일에도 힘쓰게 하여 실력을 양성한 뒤라야 큰일이 쉽게 이루어질 것이다. 의견들이 어떠한가."

　듣는 사람들 중에 마음에 들어하지 않는 경우가 많았다.

왜냐하면 이곳의 풍습이 완고하여 권력자와 자산가들이 제일이고, 그 다음은 주먹이 센 자들이고, 세 번째는 최고위 관료들이고, 네 번째는 나이 많은 사람들이라, 이 네 가지 권력 중에 나는 한 가지도 가지지 못하였으니 어떻게 실행할 수 있겠는가. 이 때문에 마음에는 불쾌한 감정이 들어 돌아가고 싶은 마음도 있었으나, 이미 내친 걸음이니 어찌하랴.

마침내 군의 여러 장교들을 이끌고 부대를 나누어 출병하여 두만강을 건넜으니, 1908년 6월이었다.[37] 낮에는 잠복하고 밤에 행군하여 함경북도에 이르렀다. 일본군과 수차례 충돌하여 피차간에 사상자가 나오기도 하고 포로를 잡기도 하였다. 이때 포로로 잡혀 온 일본 군인들과 상인들을 오게 해서 물어보았다.

"그대들은 모두 일본의 신민으로 무슨 까닭으로 러일전

---

37 동의회의 국내 진공 작전은 1, 2차로 나뉜다. 제1차 국내 진공 작전은 함경북도 경흥군 노면 상리에 주둔하고 있던 일본군 수비대를 급습한 것으로, 이당시 안중근의 의병 부대는 치열한 교전 끝에 일본군 수명을 사살하면서 수비대의 진지를 완전히 소탕하였다. 제2차 국내 진공 작전은 같은 해 7월 함경도 일대에서 활약하던 홍범도洪範圖 의병 부대와 협력하여 함경북도 경흥 부근과 신아산 일대의 일본군 수비대를 공격한 것이다. 여기에 기록된 내용은 제2차 국내 진공 작전 당시의 일이다.

쟁 때 동양 평화를 유지하고 대한의 독립을 견고히 하겠다고 한 천황의 훌륭한 뜻을 받들지 않는가? 지금 이렇게 전쟁하고 침략하는 것을 평화와 독립이라고 하겠는가? 이것은 역적과 강도가 아닌가 말이다."

그 사람들은 눈물을 흘리며 대답했다.

"이는 우리의 본심이 아니요, 부득이하게 된 것이 사실입니다. 사람이 이 세상에 태어나 삶을 좋아하고 죽음을 싫어함은 모두 마찬가지입니다. 하물며 저희는 만 리 밖의 전장에서 참혹하게도 주인 없는 원혼이 되게 생겼으니 어찌 원통하지 않겠습니까. 오늘날 이렇게 된 것은 다른 까닭이 아니요, 모두 이토 히로부미의 잘못입니다. 황상의 훌륭한 뜻을 받들지 않고 제멋대로 한일 양국 사이를 농단하고 수많은 귀중한 목숨들을 살육하고서, 자신은 편안히 누워 복록을 누리고 있으니, 저희에게 분개하는 마음이 없지 않으나 상황이 어쩔 수 없어 여기에 이르게 되었습니다. 그러나 역사의 평가가 어찌 없을 수 있겠습니까. 농민과 상인들 중에서 한국으로 건너온 자들의 어려움이 더욱 심합니다. 이같이 나라가 황폐하고 백성들은 괴로운데 잠시도 돌아보지 않으니, 동양 평화는커녕 일본의 안녕도 어찌 감히 바라겠습니까. 저희들은 죽더라도 원통함과 한을 그칠 길이 없습니다."

말을 마치고 통곡을 멈추지 않았다. 내가 그들에게 일러 주었다.

"내 그대들의 말을 들으니, 충의지사라 할 만하다. 그대들을 지금 보내줄 터이니 돌아가서 이 난신적자들을 쓸어버려라. 만일 또 저 같은 간악한 무리들이 함부로 동족과 이웃나라 사이에 전쟁을 일으키고 침략하려는 언론을 내는 자가 있거든 그 이름을 좇아 없애버려라. 그러면 10명을 해치우기 이전에 동양 평화를 도모할 수 있을 것이다. 그대들은 그렇게 할 수 있겠는가?"

그 사람들이 신이 나 펄쩍펄쩍 뛰며 그리하겠다 하여 바로 풀어 주려는데 그들이 말했다.

"저희는 무기와 총포를 가지고 돌아가지 않으면 군법으로 처벌을 면할 수 없으니, 어찌하면 좋습니까?"

내가 말했다.

"그렇다면 총포를 돌려주마."

그리고 다시 일렀다.

"그대들은 속히 돌아가라. 나중에라도 포로로 잡혔다는 이야기는 절대로 입 밖에 내지 말고, 신중히 큰일을 도모하라."

그들은 수천수만 번 감사 인사를 하고 돌아갔다. 그 뒤에 장교들이 불평하며 내게 말했다.

"어째서 적군 포로들을 놓아주었습니까?"

내가 답했다.

"오늘날 만국공법[38]에는 적군 포로를 죽이라는 법이 없다. 다만 어디 가둬 두었다가 나중에 몸값을 받고 돌려보내는 것이다. 더욱이 저들이 말하는 바가 진실되며 의로움에서 나오는 이야기이니 놓아주지 않고 어쩌랴."

그러나 여러 사람들이 말했다.

"저 적들은 우리 의병들을 포로로 잡으면 남김없이 참혹

---

38 『만국공법』은 미국의 법학자 휘튼Henry Wheaton의 국제법 저서 『국제법 원리, 국제법학사 개요 첨부』의 한문 번역본이다. 이 책은 조선말 국제법 교과서로 수입되어 개화파, 위정척사파를 가리지 않고 서구형 국제 질서로 받아들여졌다. 1899년 우리나라 최초의 근대적 헌법인 〈대한국국제〉의 바탕이 되었다.

하게 살육합니다. 더욱이 우리는 적을 죽이려는 목적으로 여기 와서 찬바람을 맞으며 노숙하는 것인데, 힘들게 생포한 자들을 수없이 놓아 보내는 건 무엇을 위해서입니까?"

내가 웃으며 말했다.

"그렇지 않네, 그렇지 않아. 적군이 이같이 포악하게 구는 것은 귀신과 사람이 모두 통분할 일인데, 우리도 똑같이 야만적인 행동을 하고 싶은 것인가. 또, 일본의 사천여만 명에 달하는 인구를 다 죽여 없앤 뒤에야 국권을 회복할 계획인겐가. 지피지기면 백전백승이라 하였네. 지금 우리는 약하고 저들은 강하니 어려운 조건을 무릅쓰고 억지로 싸울 필요는 없네. 그뿐만 아니라 충으로써 의거하여 이토 히로부미의 포악한 행적을 성토하여 세계에 널리 알려 세계열강의 동감을 얻은 뒤에야 한을 풀고 권리를 회복할 수 있을걸세. 이것이 이른바 약함으로 강함을 제어할 수 있다는 것이요, 어짊으로써 악을 대적하는 방법이라네. 그대들은 더 말하지 마시게."

이렇게 곡진하게 설득했다. 그러나 중론이 들끓어 따르지 않았고, 장교 중에는 부대를 나누어 멀리 떠나 버린 자도 있었다.

그 뒤에 일본 군대가 습격하여 너덧 차례 격돌하는 사이 날은 이미 저물고 폭우가 쏟아부어 지척도 분간하기 어려웠다. 장졸들은 너 나 할 거 없이 흩어져 누가 죽고 살았는지도 분별하기 어려웠다. 어쩔 수 없는 상황이라 수십 명이 수풀에서 야영하였다.

다음 날 6, 70명이 서로 만나 상황을 물으니 각각의 분대가 다 흩어져 가 버렸다 하였다. 당시 모든 사람이 이틀간 먹지 못하여 굶주린 기색이 있으며, 또한 각기 살고자 하는 마음을 품었다. 이 지경에 이르고 보니 복장이 끊어지고 간담이 찢어졌으나 상황이 어쩔 수 없어, 사람들의 마음을 위로하고 촌락을 찾아 나섰다. 보리밥을 얻어먹고 허기와 추위는 조금 면했으나, 사람들의 마음이 복종하지 않고 군기를 따르지 않으니, 이때에는 오합지졸이 따로 없었다. 손자孫子나 오자吳子[39], 제갈량이 다시 살아난대도 별수 없었을 것이다.

---

[39] 손자는 『손자병법』을 쓴 손무孫武, 오자는 『오자병법』을 쓴 오기吳起이다.

패배에 굴하지 않고

흩어진 무리를 찾아다녔으나 그때 복병을 만나서 한바탕 저격을 당해버리는 바람에 남은 무리도 흩어져서 다시 모을 수 없었다. 나 홀로 산 위에 앉아 자조하며 말했다.

"나야말로 어리석었도다. 저런 무리를 데리고 무슨 일을 도모하리오. 누구를 원망하고 누구를 미워하랴."

그러고는 다시 분발하여 용기 내어 일어나 사방을 수색하고 다니다 두세 명을 만나게 되었다. 서로 어떻게 하는 게 좋을지 의논하였는데, 네 명의 의견이 각기 달랐다. 한 명은 수명대로 살기를 도모해야지 하고, 다른 사람은 스스로 목을 찔러 죽겠다 하고, 또는 자진하여 일본군의 포로가 되겠다는 사람도 있었다. 나는 한참을 이리저리 생각하다 문득 시 한 수가 떠올라 동지들에게 읊어 주었다.

사나이 뜻 품고 해외에 나왔으나
뜻대로 일 되지 않으니 처신키 어려워라.
바라건대 동포여 흐르는 피에 맹세하고
세상에 의리 없는 귀신은 되지 마시게.

읊기를 마치고 다시 말했다.

"그대들은 모두 뜻대로 하소. 나는 산을 내려가 일본군과 한바탕 시원하게 싸워 대한국의 이천만 명 중 한 사람으로서 의무를 다한 연후에 죽는다면 한이 없을 것이네."

그렇게 하고 나서 무기를 허리에 차고 적진을 향해 떠나려 하는데, 그중 한 사람이 몸을 일으켜 다가와서는 붙들고 통곡하며 말했다.

"그대의 생각은 크게 잘못되었소. 그대는 한 개인의 의무만 생각하고 많은 생명과 후일의 큰일은 돌아보지 않으시오? 오늘의 상황으로는 다만 죽음뿐 아무런 이득이 없는데,

만금같이 귀중한 몸을 어찌 초개처럼 버리려는 것이오. 지금은 마땅히 다시 강동江東으로 건너가(강동은 러시아 땅의 지명이다) 뒷날의 좋은 기회를 기약하여 다시 큰일을 도모하는 것이 십분 이치에 맞는데, 어째서 깊이 생각하지 않소?"

나도 다시 생각해 보고 말했다.

"그대의 말이 매우 옳소. 옛날에 초패왕 항우가 오강烏江에서 자결한 것은 두 가지 까닭이었으니, 하나는 무슨 면목으로 다시 강동江東의 아버지를 뵐 수 있나 하는 것이었고, 또 하나는 강동이 비록 작으나 왕 노릇할 만하다며 위로하는 말에 분이 치밀어 오강에서 죽은 것이었소. 이때에 항우가 한 번 죽고 나서 천하에 다시는 항우 같은 사람이 없었으니, 애석해할 만하다오. 오늘 안응칠이 한 번 죽는다면 세상에 다시는 안응칠이 없을 것이 분명하리라. 영웅이란 굽힐 줄도 알고 펼 줄 알아야 목적을 성취하는 법이니 마땅히 그대의 말을 따르겠소."

이에 네 사람이 함께 갔다. 길을 찾고 있는데 또 서너 명을 만나 서로 말했다.

"우리 일고여덟 명이 백주에 적진을 뚫고 갈 수는 없으니 밤에 움직이는 게 좋겠소."

그러나 그날 밤에 폭우가 그치지 않고 쏟아져 지척도 구분할 수 없는 바람에 서로 길을 잃고 흩어지게 되었다. 세 사람과만 짝이 되어 동행하였으나, 세 사람 모두 지리와 도로를 알지 못했을 뿐 아니라 운무가 하늘과 땅에 가득하여 동서를 구분할 수도 없으니, 어찌 할 도리가 없었다. 더욱이 산은 높고 골짜기는 깊은데 인가는 하나도 없었다. 그렇게 사나흘 간을 헤매는 동안 한 끼도 밥을 먹지 못하였으니, 배에는 먹은 것이 없고, 발에는 신도 신지 못하여 굶주림과 추위를 이기지 못해 풀뿌리를 캐 먹고 담요를 찢어 발을 감쌌다. 서로 위로하고 양보하면서 가다 보니 멀리서 닭 울음소리 개 짖는 소리가 들려왔다. 내가 두 사람에게 말했다.

"내가 먼저 민가에 가서 밥도 얻고 길도 묻고 오겠소. 수풀에 숨어서 내가 올 때까지 기다리시오."

마침내 인가를 찾아 가 보니, 이 집은 일본군의 파출소였다. 일본군이 불을 들고 나오길래 내가 마침 그것을 보고 급히 몸을 피해 산으로 돌아왔다. 다시 두 사람과 상의하여 도망쳤으나 기력이 다하고 정신이 혼미해져 땅에 쓰러져 버렀다. 다시 정신을 차리고 하늘을 우러러 기도했다.

"죽이시려거든 속히 죽이시고, 살리시려거든 속히 살리시오."

기도를 마치고 냇가를 찾아 물배를 채우고 난 뒤 나무 아래에 누워서 잠이 들었다.

다음 날 두 사람이 너무도 괴롭게 탄식을 멈추지 않기에 내가 타일렀다.

"너무 염려하지 마시오. 인명은 하늘에 달렸으니, 무엇을 염려하리오. 사람은 특별한 고난을 겪은 뒤에야 반드시 뛰어난 일을 이룰 수 있으며, 사지를 지난 뒤라야 살게 되오. 이처럼 낙심한다고 무슨 이득이 있겠는가. 천명을 기다릴 뿐이오."

말은 비록 담담하게 하였으나 이리저리 생각해 봐도 별다른 방도가 없었다. 스스로 생각하기를, '옛날 미국 독립의 주역인 워싱턴은 7, 8년간 풍파 속에서 허다한 고난과 고초를 겪으며 어찌 참고 견디었는고. 진실로 만고에 둘도 없을 영웅이라. 내가 만일 훗날 성공한다면, 반드시 미국에 가서 특히 워싱턴을 기리고 숭배하며 기념하여 뜻을 같이하리라.'

그날 세 사람은 생사를 돌아보지 않고 백주에 인가를 찾아 나섰다. 산속 벽촌의 인가를 만나 주인을 불러 밥을 구걸하였다. 주인이 한 됫박의 조밥을 주면서 말했다.

"그대들은 머뭇거리지 말고 빨리 가소, 빨리 가소. 어제 이 아랫동네에 일본군이 와서 무고한 양민 다섯 명을 포박하더니만 의병에게 밥을 주었다는 명목으로 즉시 총살하고 갔소. 이곳에도 때때로 와서 수색하니, 허물 말고 빨리 가시오."

이에 더 말할 것 없이 밥을 끌어안고 산을 올랐다. 세 사람이서 밥을 나눠 먹었는데, 이런 별미는 인간 세상에서 다시 구하기 어려운 맛이라, 아마도 천상 선계 식당의 요리인 듯하였다. 이때가 밥을 굶은지 이미 6일이었다.

다시 산을 넘고 내를 건너 방향도 모르고 걸었다. 항상 낮에는 숨고 밤에 움직였는데, 장맛비가 그치지 않아 고초가 더욱 심했다. 며칠 뒤 어느 날 밤, 다시 한 민가를 만나 문을 두드려 주인을 부르니 주인이 나와서는 나에게 말했다.

"너희는 필시 러시아에 입적한 자들일 테니, 일본 군대에 압송해야겠다."

그러고는 마구 때려 대며 같은 패거리를 불러 나를 결박하려 하기에 어쩔 수 없어 몸을 피해 도망갔다. 그때 좁은 길목을 지나는데 일본 병정이 지키고 있었다. 캄캄한 중에 서로 지척에서 마주치자 일본 병정이 나를 향해 서너 발 총을 쏘았으나 다행히 빗나갔다. 급히 나머지 두 사람과 도망쳐 산으로 들어갔다.

다시는 감히 대로로 다닐 수가 없어서 산골짝으로만 움직였다. 4, 5일간 또 전처럼 아무것도 먹지 못하여 예전보다 배고픔과 추위가 더욱 심했다. 이에 다른 두 사람에게 이렇게 권했다.

"두 형은 내 말을 믿고 들어 보오. 사람이 천지의 큰 임금이시자 큰 아버지이신 천주님을 섬기지 않는다면 금수와도 같소. 더구나 지금 우리는 죽음을 면하기 어려운 지경이니, 속히 천주 예수 그리스도의 가르침을 믿고 영혼을 구원받는 것이 어떻겠소? 옛글에 이르기를 아침에 도를 들으면 저녁에 죽어도 좋다 하였으니, 형들은 지난날의 과오를 속히 회개하고 천주님을 섬겨서 부디 영원한 생명을 구원받는 것이 어떠하오."

그리고 천주님께서 만물을 지으신 이치와, 지극히 공변

되고 지극히 의롭게 선악에 상벌을 주시는 도리와, 예수 그리스도께서 이 땅에 강림하셔서 사람들의 죄를 대속하신 진리를 일일이 권면하였다. 두 사람이 듣기를 마치고 천주교를 신봉하고자 하여 교회법에 따라 대세代洗를 주었다. (이는 세례를 주는 권한을 대신하는 것이다.)

예를 다 마치고 다시 인가를 찾아 나섰는데, 궁벽한 산지에 초가집 한 채가 있었다. 문을 두드려 주인을 부르니 잠시 뒤에 한 노인이 나와서 맞이하기에 예를 갖춰 인사하고, 밥을 얻어먹을 수 있는지 청하였다. 말이 끝나자마자 동자를 불러 음식을 가득 차려 내오니, (산중이라 별미랄 건 없고 산나물과 과일이었다.) 염치 불고하고 한바탕 배부르게 먹었다. 그런 뒤 다시 생각해 보니, 대략 12일 동안 딱 두 끼만 먹고 목숨을 구해 여기까지 온 것이었다. 이에 주인어른에게 크게 감사드리고 우리가 겪은 고초를 모두 말씀드렸다. 노인이 말했다.

"나라가 위태로운 시기에 이 같은 곤란은 국민의 의무요. 더구나 흥이 다하면 슬픔이 오고, 고통이 다하면 단맛이 온다고들 하니, 너무들 심려치 마오. 지금 일본군이 곳곳마다 수색하고 있어 길을 떠나기 어려울 것이니, 차라리 내가 알려 주는 데로 이리이리 가면 편리할 뿐만 아니라 두만강이 멀지 않소. 빨리 강을 건너 돌아가서 후일의 좋은 기회를 도모하시오."

내가 그분의 성명을 물었으나, 노인은 "굳이 알 필요 없소."라고 말하며 웃기만 하고 말해 주지 않았다. 이에 노인과 작별하고 그가 알려 준 대로 몇 날을 더 간 끝에 세 사람 모두 무사히 강을 건넜다. 그제서야 비로소 안심할 수 있었다.

한 촌가에 이르러 며칠간 편히 쉬면서 비로소 옷을 벗어 보니, 이미 다 썩어 버려 몸을 가리기도 어렵고 이가 버글거려 셀 수도 없었다. 출전한 뒤로 날짜를 세 보니 거의 한 달 반 가량을 숙소도 없이 항상 노숙하였고, 장맛비도 그치지 않아 그간의 고초를 이루 다 쓰기 어렵다.

약지를 끊어
대한 독립을 맹세하다

러시아 땅에 도착해 얀치혜 방면으로 갔다. 친구들조차 나를 알아보지 못할 지경이었으니, 피골이 상접하여 예전 모습이 남아 있지 않았기 때문이다. 천만 번 생각해 봐도 천 명이 아니었더라면 결코 살아 돌아오지 못했을 길이었다. 이곳에서 십여 일간 머물며 치료하고 나서 블라디보스토크에 도착했다.

이곳의 한인 동포들은 환영회를 열 준비를 해 두고 나를 초대했다. 나는 "패장敗將이 무슨 면목으로 여러분의 환영을 받겠는가." 하며 거절했다. 그러나 여러 사람들이 말하길 "한 번 이기고 한 번 지는 거야 병가지상사兵家之常事이니, 부끄러울 일이 무에 있겠는가. 하물며 그렇게 위험한 땅에서 무사히 살아 돌아왔는데 어찌 환영할 일이 아니겠는가?" 하였다.

다시 블라디보스토크를 떠나서 하바로프스크 방면으로 향했다. 증기선을 타고 흑룡강 상류의 수천 리를 시찰하기도 하고, 한국인 유지의 집을 방문하기도 했다. 그 뒤에 다시 수청水淸[40] 등지에 이르러 교육을 장려하기도 하고, 단체를 조직하기도 하며 여러 지방을 두루 다녔다.

하루는 산골의 인적 없는 곳에서 갑자기 어떤 흉악한 무리 예닐곱 명이 뛰쳐나와 나를 포박하고는 "의병 대장을 잡았다"고 하였다. 이때 동행하던 사람 몇몇은 도망가 버렸다. 저들이 나에게 말했다.

"너는 어째서 정부가 엄금한 의병을 감히 일으켰느냐?"

내가 답했다.

"지금 이른바 우리 한국의 정부라는 것은 형식적일 뿐이요, 내각은 이토 히로부미 한 사람의 정부일 뿐이다. 한국인

---

40 오늘날의 파르티잔스크. 1896년 이후 조성된 연해주의 한인 마을.

이 되어서 정부의 명령에 복종한다는 것은 실제로는 이토에게 복종하는 것이다."

그놈들은 "두 번 말할 것 없으니 때려죽이자." 하고는 수건으로 내 목을 묶어 눈 쌓인 땅에 넘어뜨리고는 나를 마구 때려 댔다. 나는 큰 소리로 꾸짖어 말했다.

"네놈들, 만일 나를 여기서 죽인다면 무사할 줄 아느냐. 아까 나와 동행했던 두 사람이 도망쳤으니, 그들이 반드시 내 동지들에게 가서 알릴 것이다. 그러면 그들이 너희들을 나중에 모두 죽여 버릴 것이니, 잘 생각해라."

저들이 말을 다 듣더니 귀를 맞대고 수군거렸다. 분명히 나를 죽일 수 없다는 내용이었을 것이다. 잠시 뒤 나를 산간 초옥으로 끌고 가 어떤 놈은 나를 때리고, 어떤 놈은 말리기에, 내가 좋게 좋게 여러 번 타일러 보았으나 저들은 묵묵히 대답하지 않고 저들끼리 말했다.

"네놈 김가金哥가 이 일을 시작했으니, 김가 네 맘대로 해라. 우리는 다시는 상관하지 않겠다."

그 김가라는 사람이 나를 끌고 산 밑으로 내려가기에, 나는 한편으로는 말로 타이르고, 한편으로는 저항하였다. 김가도 이치상 어쩔 수 없었는지 말도 없이 물러나 가 버렸다. 이들은 모두 일진회의 잔당들로 본국에서 피난하여 여기에서 살고 있던 무리들이었다. 마침 내가 지나간다는 말을 듣고 이와 같은 행동을 한 것이 분명하다. 나는 겨우 빠져나와 죽음을 면하여 친구 집을 찾아가 다친 곳을 치료하며 그 겨울을 보냈다.

이듬해 정월 (때는 1909년 기유년己酉年이었다.) 얀치혜 쪽으로 돌아와서 동지 열두 명과 함께 상의했다.

"우리가 지금까지 아무 일도 이루지 못했으니, 다른 사람의 웃음거리를 면할 수 없다. 별도의 단체가 없다면 일을 도모할 수 없을 뿐더러 목적을 달성하기도 어려울 것이니, 오늘 우리가 손가락을 끊어 동맹을 맺고 증거를 남기도록 하자. 한마음으로 단결하여 나라를 위해 헌신하면서 목적을 이루길 기약함이 어떠한가?"

그러자 모두 따르겠다 하였다. 이에 열두 사람이 각기 왼손 약지를 끊어 그 피로 태극기 앞면에다 '대한 독립' 네 글자를 크게 쓴 뒤 다 함께 '대한 독립 만세'를 세 번 외쳤다. 하늘과 땅에 맹세하고 흩어져서 그 뒤로 각지를 다니며 교

육을 장려하고 인민의 뜻을 모으고 신문을 보급하는 데 힘

썼다.[41]

이때 문득 정대호鄭大鎬[42]의 서신을 받고 곧바로 만나러

갔다. 본가의 소식을 상세히 묻고, 가족들을 데려오는 일을

부탁하고 돌아왔다. 그해 봄 여름 사이에 동지 몇 명과 한국

땅으로 건너가서 이런저런 동정을 살피고 싶었으나, 활동비

를 마련할 방법이 없어 목적을 이루지 못하였다. 허송세월

만 보내던 중 초가을 9월이 왔으니, 이때가 곧 1909년 9월

이었다.

그때 마침 얀치혜 쪽에 머무르고 있었다. 어느 날 문득,

까닭 없이 마음이 우울하고 초조함을 이길 수 없어 스스로

---

41 1909년 있었던 이 결의를 단지동맹斷指同盟이라 한다. 이 모임을 동의단지
회同義斷指會라고도 한다. 안중근은 뒤에 참석자 12인을 김기룡, 강기순, 정원
주, 박봉석, 유치홍, 조순응, 황길병, 백남규, 김백춘, 김천화, 강계찬이라고 밝
혔으나, 엄인섭, 백원보, 한종호 역시 단지동맹원이었다는 자료도 존재한다.
이날 안중근은 동지들과 이토 히로부미와 친일파를 암살하기로 맹세하고 하
늘에 제사를 지냈다. 여기서 말하는 신문은 블라디보스토크 한국국민회韓國國
民會의 기관지인『대동공보大東共報』를 가리킨다.

42 1884~1940. 독립운동가. 1907년 진남포에서 안중근의 이웃으로 의형제
를 맺고 지내다 만주로 망명하였다. 이후 안중근의 가족들을 진남포에서 중국
과 러시아의 국경 지대인 스이펜호까지 안전하게 데려왔으며, 이 일로 일제에
체포되어 옥고를 치르기도 하였다.

진정되지 않았다. 그런 연유로 친구 몇 명에게 말했다.

"나는 지금 블라디보스토크로 가려네."

그 친구가 말했다.

"어째서 이같이 기약 없이 갑자기 가려 하는가?"

내가 대답했다.

"나도 모르겠네. 그저 마음이 심란하여 도무지 여기 머물 수가 없는 까닭에 가려는 것일세."

그가 물었다.

"지금 가면 언제 돌아오려는가?"

나는 무심결에 말을 내뱉었다.

"다시 오지 않을 것일세."

그 친구도 무척 이상하게 생각했을 것이지만, 나 또한 왜 그렇게 대답했는지 알 수 없었다.

이토 히로부미를 쏘다

이렇게 서로 이별하고 길을 떠나 보로실로프에 이르러 바로 증기선을 타고 (이 항구에서는 증기선이 일주일에 한두 차례 블라디보스토크를 왕래한다 하였다.) 블라디보스토크에 도착했다. 그런데 들으니 이토 히로부미가 조만간 이곳에 온다는 소문이 파다했다. 이에 자세한 사정을 알고 싶어 각종 신문을 구해 보니, 조만간 하얼빈에 도착한다는 일정이 참말로 틀림이 없었다.

속으로 남몰래 기뻐하며 '수년간 소원한 목적이 이제 이루어지누나! 늙은 도적놈이 내 손에 끝나겠구나. 그러나 이곳에 온다는 말은 자세하지 않으니 필히 하얼빈으로 가야

일을 이룸에 틀림이 없을 것이다.' 하고는 곧장 길을 떠나고
자 하였다.

그러나 활동비를 마련할 방책이 없어 이리저리 생각한
끝에 이곳에 체류하던 황해도 의병장 이석산李錫山을 찾아
갔다. 그런데 마침 이씨는 타지로 가려고 짐을 꾸려 문을 나
서던 참이라, 급히 불러 세워 밀실로 들어가 일백 원을 빌려
달라 하였다. 그러나 이씨가 끝내 주려 하지 않았다. 상황이
이쯤되니 할 수 없이 이씨를 위협하여 백 원을 빼앗아 돌아
왔다. 일은 이미 반쯤 성사된 것이었다.

이에 동지 우덕순禹德淳[43]을 비밀리에 불러 거사를 약속한
뒤 각자 권총을 휴대하고 곧장 길을 떠나 증기선을 탔다. 생
각해 보니 두 사람이 모두 러시아말을 하지 못하여 걱정이
적지 않았다. 도중에 스이펜호 지방에 이르러 유동하劉東夏[44]
를 찾아가 말했다.

---

43 1880~1950. 1904년 블라디보스토크에서 연초 행상을 하다 안중근, 이범
윤 등을 만나 독립운동을 하였다. 『대동공보』의 모금책 역할을 하였다.

44 1892~1918. 거사 이후 체포되었을 때 유강로柳江露라는 가명을 사용하였
다. 당시 18세에 불과하였다. 유관오劉寬伍라고 불리기도 하였다. 복역 이후 일
생을 독립운동에 투신하였다. 원문에는 성이 柳로 되어 있다.

"지금 내가 가족들과 만나려고 하얼빈으로 가는 중인데 러시아말을 못하여 매우 답답하오. 그대가 함께 하얼빈으로 가서 통변해 주고 일을 주선해 주면 어떻겠소?"

유씨가 말했다.

"저도 마침 약을 사러 하얼빈으로 가려고 생각하던 차이니, 함께 간다면 아주 좋습니다."

하여 곧바로 동행하여 길을 나섰다.

그 다음 날은 하얼빈에 있는 김성백金聖伯의 집에서 묵었다. 신문에서 이토가 오는 시기를 자세히 알 수 있었다. 다음 날 다시 남쪽의 장춘 등지로 가서 거사하고자 하였으나, 유동하가 본디 어린 친구라 본가로 돌아가고 싶어하여 다시 통역할 사람을 구해야 했다. 마침 조도선曹道先[45]을 만나 가족을 맞이하러 가니 남쪽으로 동행하자 하였더니 조씨가 수락하였다. 그날 밤에도 역시 김성백의 집에 묵었다. 이때 활동비가 부족한 문제가 있어 김성백에게 50원을 꾸어 주면 머지 않아 갚겠다 부탁하라고 유동하를 보냈지만 그가

---

45 1879~?. 안중근과 이토 히로부미의 암살에 참여한 독립운동가.

방문했을 때 김씨는 출타 중이었다.

이때 홀로 객사의 불빛을 마주하고 추운 누대에 앉아 앞으로 할 일에 대해 잠시 생각하다가 강개한 마음을 이기지 못하여 노래 한 곡조를 읊었다.

장부가 세상에 처하노니
그 뜻이 크도다.
영웅이 천하를 바라보노니
어느 날엔가 일을 이루리오.
시대가 영웅을 만들며
영웅이 시대를 만드니라.
동풍이 추워질수록
장사의 의기義氣는 깊어가네.
분개하여 한번 떠나노니
목적을 필히 이루리라.
쥐새끼 이토 놈과
어찌 생명을 함께하랴.
여기까지 어이 왔는고

사세事勢가 그러하였도다.

동포여! 동포여!

속히 대업을 이루시오.

만세! 만세!

대한 독립이어라.

만세! 만세!

대한의 동포여.

읊기를 마치고 블라디보스토크의 『대동공보』 신문사에 부치기 위해 서신을 한 통 썼다. 그 내용은 첫째, 우리가 하려는 일의 목적을 신문상에 공표하려는 계획이요. 둘째, 유동하가 만일 김성백에게서 50원을 빌려 오면 그것을 갚아달라는 계획이었다. 돈을 갚을 방책이 없는 까닭에 대동공보사에게 갚아 달라고 하여 그걸 핑계 삼으려는 잠시간의 잔꾀였던 것이다. 편지를 다 쓰고 나니 유씨가 돌아와서 돈을 빌리려던 계획이 어그러졌다 하기에 잠시도 자지 못하고 밤을 지새웠다.

다음 날 아침, 우덕순, 유동하, 조도선 세 사람과 함께 정차장으로 갔다. 조씨를 보내 남청열차南淸列車가 서로 환승하는 정차장이 어디냐고 역무원에게 상세히 묻게 하니, 차이자거우蔡家溝라고 하였다. 이에 우덕순과 조도선 두 사람과 함께하고 유동하와는 헤어졌다. 그 뒤에 열차를 타고 남쪽으로 가서 숙소를 정하고 유숙하면서 정차장의 사무보는 사람에게 이곳에 열차가 매일 몇 차례 다니냐고 물어보았다. 그 사람이 답해 주기를 매일 3번씩 다니는데 오늘 밤에는 하얼빈으로부터 장춘까지 가는 특별차편이 일본 대신 이토를 영접하러 갔다가 모레 아침 6시에 이곳에 도착한다고 말해 주는 것이었다. 이와 같이 분명한 소식은 앞뒤로 처음 듣는 확실한 것이었다.

이에 다시 속으로 깊이 헤아려 보았다.

"내일모레 아침 6시경은 분명 아직 동이 트기 전일 터인즉, 이토는 분명 정차장에 내리지 않을 것이다. 비록 열차에서 내린다 해도 캄캄하여 진짜인지 가짜인지 구별하기 어려울 것이다. 더욱이 나는 이토의 얼굴을 알지 못하니, 어찌 거사를 치를 수 있겠는가. 다시 장춘 쪽으로 가고 싶으나 여비가 부족하니 어쩌면 좋으랴."

이리저리 생각해 봐도 마음이 심히 답답하였다. 이때 유동하에게 '우리는 여기 도착하여 하차하였다. 만일 그곳에 긴한 일이 있거든 전보를 쳐 주길 바라네.'라고 전보를 쳤다. 황혼 무렵 답전보가 왔으나, 그 말뜻이 모두 불분명하여 오히려 적지 않은 의아함이 더해졌다.[46] 그날 밤 십분 생각해보고, 다시 좋은 계책을 헤아린 뒤 그 다음 날 우씨와 서로 의논하였다.

"우리가 여기에 함께 머무는 것은 좋은 방책이 아니오. 첫째는 재정이 부족하고, 둘째는 유씨가 답한 전보가 매우 의심스러우며, 셋째는 이토가 내일 아침 날이 밝기 전에 이곳을 지나치면 일을 이루기 힘들기 때문이오. 만일 내일 기회를 놓친다면, 다시 일을 도모하기 어려울 것이오. 그러니 그대는 여기 머물며 내일의 기회를 기다렸다가 상황을 보아 행동하시오. 나는 오늘 하얼빈으로 돌아가겠소. 내일 두 곳에서 거사하는 편이 십분 나을 것이오. 만일 그대가 일을 이루지 못한다면 내가 반드시 일을 이룰 것이며, 만일 내가

---

46 이때 유동하가 친 전보에는 '내일 아침에 도착한다.'라고만 되어 있었다.

일을 이루지 못한다면 그대가 반드시 일을 이룰 것이오. 만일 두 곳에서 모두 뜻대로 되지 않으면 다시 활동비를 마련한 뒤에 거사를 의논합시다. 이것이 가장 만전을 기하는 방법이오."

이에 서로 헤어져서 나는 열차를 타고 다시 하얼빈으로 가서 유동하를 만났다. 전보로 보낸 말이 무슨 뜻이냐 물었더니 유씨의 답변 역시 명확하지 않아, 내가 화를 내며 질책하자 유씨는 말없이 문을 나갔다.

그 밤에는 김성백의 집에서 묵고, 다음 날 아침 일찍 일어나 새옷을 모두 벗고 수수한 양복 한 벌로 갈아입은 뒤에 단총 한 자루를 가지고 정차장으로 떠났다. 이때가 오전 7시 경이었다. 그곳에 도착하자 마침 러시아 장관과 군인들이 여럿 와서 이토의 영접 절차를 준비하고 있었다.

나는 찻집에 앉아 두석 잔 차를 마시며 기다렸다. 9시경이 되자 이토가 탄 특별 열차가 도착했다. 이때 인산인해를 이루었는데, 나는 찻집 안에 앉아서 동향을 살피며 언제 저격하면 좋을지 생각하고 있었다. 한참 생각해도 결정하지 못하고 있었는데, 잠시 뒤에 이토가 열차에서 내렸다. 각 군대가 공경히 예를 갖추고, 군악대 소리가 공중을 채워 귀를 울려왔다. 이때 갑자기 분노가 치솟고, 3천 장의 업화業火가 머리에서 마구 일었다. 어째서 세상일이 이리도 불공평한가. 오호라! 이웃 나라를 강탈하고 인명을 살육한 자는 이처럼 기뻐 날뛰고 조금도 거리낌이 없는데, 죄 없는 어질고 약한 사람들은 도리어 이같이 곤경에 빠져 있구나!

이에 더 말할 것이 없이 즉시 큰 걸음으로 성큼성큼 나아가 군대가 열지어 있는 곳에 이르렀다. 그곳에서 바라보니, 러시아의 관리들이 호위하여 둘러싸고 오는 앞쪽에 일개 한 명의 얼굴이 누렇고 머리가 센 조그마한 노인네가 염치없이 감히 천지간을 횡행하고 있었는가! 저것이 필시 노적 이토일 거라 여기고 즉시 단총을 꺼내어 우측을 향하여 4발을 쏘았다. 그런 뒤 생각해 보니 의문이 뇌리에 스치기를, 내가 이토의 얼굴을 모르므로 만일 한 번 잘못 쏜다면 큰일에 낭패를 보는 것이라. 다시 뒤로 돌아서서 일본인 무리 중에 가장 위엄있어 보이며 전면에서 앞장서는 자를 목표로 삼아 3발을 연사했다.

만일 죄 없는 사람을 엉뚱하게 해쳤다면 일이 불미스

러워질 거라 생각하며 멈춰 생각하고 있을 때 러시아 헌병들이 와서 나를 체포했다. 이때가 1909년 음력 9월 13일 오전 9시 반 경이었다.[47] 이에 하늘을 향해 세 차례 크게 대한 만세를 외치고 정차장의 헌병 분파소分派所로 붙들려 갔다.

---

[47] 양력으로 10월 26일이다.

뤼순 감옥으로

　전신을 수색당하고 잠시 뒤 러시아 검찰관이 한국인 통역과 함께 성명과 어느 나라 어느 곳에 거주하며 어디서 와서 무슨 까닭으로 이토를 살해했는지 물었다. 대강 설명할 수 밖에 없었는데 통변하는 한인의 한국어를 알아듣기 어려웠기 때문이다. 이때 사진 촬영이 세 차례가량 있었다. 오후 8, 9시 경에는 러시아 헌병 장군이 나와 함께 마수레를 탔으나 어디로 가는지 알 수 없었는데, 일본 영사관에 이르러 넘겨주고 가 버렸다. 그 후에 이곳에서 관리들이 두 차례 심문하였고 4, 5일 뒤에 미조부치溝淵 검찰관이 와서 다시 심문하기에 전후의 일을 세세히 진술하였다. 또 이토를 살해한 까닭을 묻기에 대답하였다.

"첫째, 한국의 민 황후를 시해한 죄요, 둘째, 한국의 황제를 폐위한 죄요, 셋째, 5조약과 7조약을 억지로 체결한 죄요, 넷째, 무고한 한국인을 살육한 죄요, 다섯째, 한국의 정권을 억지로 빼앗은 죄요, 여섯째, 철도와 광산과 산림과 천택을 강제로 빼앗은 죄요, 일곱째, 제일은행권을 강제로 사용하게 한 죄요[48], 여덟째, 군대를 해산한 죄요, 아홉째, 교육을 방해한 죄요, 열 번째, 한국인의 외국 유학을 금지한 죄요, 열한 번째, 교과서를 압수하여 불사른 죄요, 열두 번째, 한국인이 일본의 보호를 받고 싶어한다고 세계를 속인 죄요, 열세 번째, 현재 한일간에 다툼이 멈추지 않고 살육이 끊이지 않는데도 한국이 무사태평하다고 위로 천황을 속인 죄요, 열네 번째, 동양 평화를 파괴한 죄요, 열다섯 번째, 일본 천황 폐하의 부황과 태황제를 시해한 죄이다."[49]

---

[48] 1902년 일본 국립 은행인 제일은행이 조선의 금융계를 장악할 목적으로 발행하여 유통시킨 화폐.

[49] 당시 메이지유신파가 자신들에게 비협조적이었던 고메이 천황을 살해하고 어린 메이지 천황을 이용했다는 의혹이 있었다. 고메이 천황(1831~1867)은 1846년부터 1867년까지 재위했던 121대 일본 천황으로, 외세에 반대하는 보수적인 성향을 가졌다.

검찰관이 다 듣더니 놀라 말하였다.

"지금 진술한 바를 들으니 가히 동양의 의사義士라 할 만하다. 그대는 이미 의사이니 사형을 받는 법은 없을 것일세. 걱정하지 말라."

내가 대답했다.

"나의 생사에는 관계치 말고 이 뜻을 속히 일본의 천황 폐하께 고하여, 이토의 옳지 못한 정책을 빨리 고쳐 동양의 위급한 정세를 부지하기만을 절실히 바란다."

말을 마치고 다시 지하 감옥에 갇혔다. 다시 4, 5일 뒤 나에게 "오늘 이곳을 떠나 뤼순커우旅順口로 갈 것이다." 하였다. 이때 보니 우덕순, 조도선, 유동하, 정대호, 김성옥과 또 얼굴을 알지 못하는 두세 명의 사람들이 함께 결박되어 정차장으로 와 열차를 타고 출발했다.

이날 장춘의 헌병소에 도착하여 밤을 보내고, 이튿날 다시 열차를 타고 어느 정차장에 이르렀다. 이때 일본 순사 한 명이 올라와서는 갑자기 내 안면을 주먹으로 때렸다. 내가 화를 내며 욕을 하자, 헌병 장교가 옆에 있다가 그 순사를 끌어내어 하차시키고 나에게 말했다.

"한일 간에 저렇게 좋지 못한 사람이 있으니 부디 성내지 마시오."

다음 날 뤼순커우에 이르러 감옥에 갇혔다. 이때가 9월 21일 경이었다. 이곳 감옥에 온 이후로 사람들과 날로 점차 서로 가까워져 전옥典獄과 경수계장警守係長[50], 그리고 일반 관리들도 특별히 후하게 나를 대해 주어 감동을 이길 수 없으니, 심중에 의심마저 일어나 생각했다. '이것이 현실인가 꿈인가. 같은 일본인인데 어찌 이리 크게 다른가. 한국에 와 있는 일본인들은 어찌 그리도 난폭하고, 뤼순에 와 있는 일본인들은 어찌 이렇게 인후한가. 한국과 뤼순에 와 있는 일본인의 종자가 다른 것인가? 물과 땅의 풍토가 달라서인가? 한국의 일본인 가운데 가장 권세 있는 자인 이토가 극히 악해서 그 마음을 본받아 그런가?' 이리저리 생각해 봐도 그 이유를 알 수 없었다.

그 뒤에 미조부치 검찰관이 한국어 통역관 소노끼園木 씨와 감옥에 찾아와서 십여 차례 심문하였다. 그 사이에 주고

---

50 형무소장과 관리 책임자.

받은 말들은 모두 기록하기 어렵다. (상세한 내용은 검찰관의 기록에 실려 있어 다시 기록할 필요가 없다.) 검찰관은 항상 나를 특별히 후하게 대우해 주었고, 심문 뒤에는 언제나 이집트산 담배를 주었다. 서로 대화하며 담배도 피고, 공정하고 정직하게 토론도 하면 나에게 동감하는 마음이 얼굴빛에 드러났다.

하루는 영국 변호사 한 사람과 러시아 변호사 한 사람이 면회를 왔다.

"우리 두 사람은 블라디보스토크에 거주하는 한인들의 위임을 받고 있습니다. 변호를 하고자 하여 법원에서는 이미 허가를 받았습니다. 앞으로 공판일에 다시 오겠습니다."

이렇게 말하고 돌아가니, 이때 나는 맘속으로 크게 놀라고 이상하게 생각했다. '일본이 문명화된 정도가 이 정도에 이르렀는가. 내가 예전에 생각하지 못했던 정도이다. 오늘 영국과 러시아 변호사에게 변호를 허가해 준 일을 보면 가히 세계 제일국의 행동이라 할 만하다. 내가 정말 오해하여 과격한 수단을 써서 망동한 것은 아닌가.' 하고 십분 의아해했다.

이때 한국 내부內部 경시警視인 일본인 사카이 씨가 왔다.[51] 사카이 씨는 한국어를 매우 잘하여 날마다 서로 만나 이야기를 나누었다. 비록 한일 두 나라의 사람이었으나 서로 대화가 잘 통하니, 속한 정치적 기관은 크게 다르나 인정으로 말하자면 점차 친근해져 오래된 친구와 다를 바 없었다.

하루는 내가 사카이 씨에게 물었다.

"일전에 영국과 러시아 양국의 변호사가 여기 왔을 때, 법원 관리들이 공평한 진심으로 허가해 준 것인가?"

그가 대답했다.

"과히 진심이다."

내가 말했다.

"과연 그렇다면 동양의 특별한 일이다. 만일 그렇지 않다면 나의 일에 대해서 도리어 해가 되지 이익될 일은 전혀 없을 것이다."

대화를 나누고 서로 웃으며 헤어졌다.

---

51 조선 통감부 촉탁 경시 사카이 요시아키境喜明. 『안응칠역사』는 1969년 최초로 일역본이 발견되었고, 이후 1978년 뒷부분이 생략된 『안응칠역사』가 발견되었는데 이것이 바로 사카이 요시아키의 소장본이었다.

당시 형무소장 격인 구리하라栗原 씨와 경수계장 나카무라中村 씨가 항상 나를 돌보아 보호해 주고 특별 대우를 해 주었다. 일주일마다 목욕을 한 번씩 하게 해 주었고, 매일 오전과 오후에는 두 차례씩 감방에서 사무실로 데리고 나와 각국의 고급 담배와 서양 과자, 차를 넉넉히 주어 실컷 먹었다. 아침 점심 저녁 세 차례 식사 시간에는 질 좋은 백미로 상차림이 나왔다. 내복은 좋은 물품으로 한 벌을 번갈아 입고, 솜이불 네 채를 특별히 주었다. 감과 사과, 배 같은 과일도 날마다 세 번씩 넣어 주었고, 우유도 매일 한 병씩 주었으니, 소노끼 씨가 특별히 베풀어 준 것이었다. 미조부치 검찰관은 닭과 담배 같은 물품을 사서 넣어 주었다. 이 같은 많은 특별 대우에 대해 감사를 다할 수 없으니, 이루 다 쓰기 어렵다.

일제의 억지 재판을 받고

11월 무렵에는 내 친동생인 안정근安定根과 안공근安恭根 두 사람이 한국의 진남포에서 이곳까지 왔다. 면회해서 상봉하니 서로 헤어진 지 3년 만에 처음으로 만나는 것이라, 꿈인지 생시인지 알 수 없었다. 이후로 항상 4, 5일 간에, 혹은 10여 일 만에 한 번씩 만나 이야기를 나누며 한국의 변호사를 데려오는 일과 천주교 신부를 모셔 성사聖事를 받는 일에 대해 의논하였다.

그 뒤 하루는 검찰관이 다시 와서 심문하였다. 그런데 그때 그 말과 모습이 예전과 매우 달라서 강압적으로 굴기도 하고, 억지를 부리기도 하고, 모욕을 주기도 하는 것이다.

이에 나는 생각하기를, '검찰관의 생각이 이처럼 갑자기 변한 것은 본심이 아닐 것이다. 어디서 딴 바람이 세게 불어오는구나. 그야말로 도심道心은 은미하고, 인심人心은 위태롭다는 말이 괜한 소리는 아니로다.' 하였다. 나도 화가 나서 대답했다.

"일본이 비록 백만 명의 정예병과 천만 문의 대포를 모두 가지고 있다고 해도, 안응칠의 목숨 하나를 죽일 수 있는 권세 외에 또 무슨 권세가 있느냐. 이 세상에서 사람 목숨이 한 번 죽으면 그만이니, 무슨 걱정이 있겠는가. 나는 더 대답하지 않을 것이니, 마음대로 하시게."

이 뒤로 내 운명은 크게 어그러졌다. 공판도 필히 상황이 변하여 잘못된 판결이 내려질 형세가 명확하다고 스스로 헤아려 생각했다. 더욱이 말할 권리도 금지되어 내가 목적한 의견을 진술할 수 없었다. 또한 제반 사정을 은폐하고 속이려는 모습이 현저하니, 이 무슨 까닭인가. 추측해 보건대 다른 이유가 아니리라. 이는 분명 굽은 것을 곧다 하고, 곧은 것을 굽었다 하려는 터이다. 무릇 법의 본성은 거울과 같아 터럭만큼의 어그러짐도 용납하지 않는다. 지금 나의 일은 시비곡직이 이미 명백하니 어찌 감출 수가 있으며, 어찌 속일 수 있겠는가. 비유하자면 세상의 인정이 현명한 자와 어리석은 자를 막론하고 잘하고 훌륭한 일은 밖으로 드러내 자랑하고자 하고, 악하고 궂은 일은 남들이 꺼리므로 반드시 숨기는 법이니, 여기에 미루어 보면 알 수 있다. 이때 나는 심한 분노를 이기지 못해 머리가 무척 아팠다가, 며칠 뒤에야 나아졌다.

그 뒤로 한 달여는 아무 일 없이 지나갔으니, 이 또한 이상한 일이다. 하루는 검찰관이 나에게 말했다.

"공판일이 6, 7일 뒤로 이미 정해졌다. 그러나 영국, 러시아, 한국의 변호사는 일체 허락할 수 없고, 다만 이곳의 관선 변호사를 선임할 수 있다."[52]

나는 생각했다. '내가 예전에 상등·중등 두 가지 안을 희망했는데, 실로 낭만적인 믿음과 지나친 바람이었도다. 나

---

[52] 조선통감부는 한때 안중근의 의거를 고종 황제와 연관 짓고자 안중근의 재판을 한국 내에서 진행하는 방안을 고려하였다. 그러나 국제 여론을 피하고 단독 판사제를 이용해 용이하게 영향력을 행사할 수 있다는 등의 이유로 당시 일본이 점령하고 있던 중국 뤼순의 관동도독부 지방법원에서 재판을 진행하였다.

는 하등의 판결을 벗어나지 못할 것이다.'

그 뒤 첫 번째 공판일이 되어 법원의 공판석에 도착했다. 이때 정대호, 김성옥 등 다섯 사람은 이미 무사히 풀려났고, 우덕순, 조도선, 유동하 세 사람과 나만 피고로 출석했다. 방청인은 삼백여 명에 이르렀다. 이때 한국인 변호사 안병찬安秉瓚[53] 씨와 전일에 허락을 받고 갔던 영국인 변호사도 참석하였으나 변호권을 허락하지 않아 방청만 할 뿐이었다.

재판관이 출석하여 검찰관의 심문 문서에 의거해 대강을 다시 심문하였다. 그러나 내가 진술하고자 하는 상세한 의견에 대해 재판관이 항상 회피하며 입을 막아 버려 설명을 다 할 수 없었다. 나도 이미 그 의미를 알았기에 어느 날 기회를 틈타 몇 가지 목적을 설명하던 찰나에, 재판장이 대경실색하며 자리에서 일어나 방청을 금지한 뒤 다른 방으로 들어가 버렸다. 나는 생각했다. '내 말 속에 칼날이 들어 있는 것 같은가, 총포가 들어 있는 것 같은가. 비유하자면 청풍이 한 번 불어옴에 먼지가 씻겨 나가는 것만 같구나. 이는

---

53 1854~1921. 독립운동가. 대한독립청년단의 총재를 맡고 대한광복군의 설립에 관여하였으며, 임시 정부의 법무차장, 법률기초위원장을 역임하였다.

다른 까닭이 아니라. 내가 이토의 죄를 말하던 와중에 일본의 고메이 천황孝明天皇을 시해했다는 구절에 이르러 자리를 피해 버린 것이다.' 잠시 뒤에 재판관이 다시 나와서 나에게 말했다.

"다시는 이와 같은 말을 하지 말라."

이에 나는 한참 동안 아무 말 없이 생각했다. '카오리眞鍋 판사가 법률을 몰라서 이러는가, 천황의 목숨이 중요하지 않아서 이러는가? 이토가 세운 관리라서 이러는가? 무슨 까닭으로 이러는가? 가을바람에 크게 취하여 이러는가? 내가 오늘 당하는 일이 생시인가 꿈인가. 나는 당당한 대한의 국민인데, 무슨 까닭으로 오늘 일본의 감옥에 갇혀 있으며, 일본 법률의 심판을 받고 있으니 이게 무슨 일인가. 무슨 일인가! 내가 언제 일본으로 귀화를 했던가? 판사도 일본인, 검사도 일본인, 변호사도 일본인, 통역관도 일본인, 방청객도 일본인이니, 벙어리의 연설회요, 귀머거리의 방청이라 할 만하다. 진정 이것이 꿈 속인가. 꿈이라면 어서 깨어나 정신을 차리자. 어서 깨어 정신 차리자!'

이와 같은 지경이라 설명해도 아무 소용이 없은즉, 공정하게 말한들 또한 무슨 보탬이 되겠는가. 나는 그저 웃으며 대답했다.

"재판관 마음대로 하시오. 나는 더 할 말이 없소."

다음 날 검찰관이 피고의 죄상을 설명하는데, 온종일 하여도 끝이 안 나 입술과 혀가 닳을 지경이 돼서야 기진맥진하여 마쳤다. 마침내 청하는 것이란 게 여기서 나를 사형시켜야 한다는 것뿐이었다. 사형의 이유를 물어보니, 나와 같은 사람이 세상에 살아 있으면 허다한 한국인이 내 행동을 사모하고 본받을 것이라, 일본인들이 겁에 질려 부지하지 못한다는 게 이유였다. 이때 내가 매우 냉소하며 혼자 생각하였다.

'옛날부터 지금까지 천하 각국의 협객과 의사가 끊인 적이 없으니, 이것이 모두 나를 본받아 그런 것인가. 속담에 이르기를 사람을 막론하고 10명의 재판관과 친해지기보다 다만 하나의 죄상도 없게 해야 한다더니, 과연 옳은 말이다. 만일 일본인이 죄가 없다면 어째서 한국인을 두려워할 것인가. 많은 일본인 중에 어째서 이토 한 사람이 해를 입었던가. 오늘 또 한국인을 두려워하는 일본인이 있다면 이는 이토와 같은 목적을 가진 사람이 아니겠는가?

하물며 내가 사적인 미움으로 이토를 해쳤다고 하는데, 나는 본래 이토와 아는 사이가 아닌데 어떻게 사적인 미움이 있겠는가. 만일 내가 이토와 사적인 감정이 있어 이같이 했다면 검찰관과 나는 무슨 사적인 감정이 있어 이러는가? 검찰관이 하는 말대로라면 세상에는 공법公法도 없고, 공적인 일도 전혀 없이 모두 사적인 감정과 사적인 미움에서 말미암는다고 해도 될 것이다. 그렇다면 미조부치 검찰관도 나를 대함에 필시 사적인 미움으로 사형의 죄를 청한 것일 테니, 또 다른 검찰관이 미조부치 씨의 죄를 심문하여 죄를 청하는 것이 이치에 합당할 것이다. 그렇다면 세상일에 어찌 끝나는 날이 있을 것인가?

이토는 일본에서 천지간에 가장 높은 인물인 까닭에 일본의 사천여만 인민이 심히 두려워하고 공경하며 복종하는 까닭에 내 죄 또한 지극히 크므로 필경 예외적으로 중대한 형벌을 청구하는 것일 터인데, 무슨 까닭으로 사형을 청구하는가? 일본인이 재주가 없어 사형 외에는 그보다 높은 중대한 형법을 갖추지 못했기 때문인가? 헤아려 감경해 준다

고 이러는가?'

내가 천 번 만 번 생각해 봐도 이유를 알 수 없어 의아하기만 하였다. 다음 날 미즈노水野와 가마타鎌田 두 변호사가 변론하였다.[54]

"피고의 범죄는 의심할 바 없이 명백합니다. 그러나 이는 오해에서 나온 것이므로, 그 죄가 중대하지는 않습니다. 하물며 한국 인민에 대해 일본 사법관은 관할권이 전혀 없습니다."

이에 내가 다시 분명히 말했다.

"이토의 죄상은 천지의 귀신과 사람이 모두 알고 있는데, 내가 무슨 오해를 했단 말이오. 더구나 나는 개인적으로 다른 사람을 죽인 범죄자가 아니오. 나는 대한국의 의병 참모중장의 의무로 소임을 가지고 하얼빈에 이르러 전쟁을 일으켜 습격한 끝에 포로로 잡혀 여기 온 것이다. 뤼순커우 재판소는 일절 관계가 없으니 마땅히 만국공법과 국제공법으

---

54 미즈노 기치타로水野吉太郎와 가마타 세이지鎌田政治. 이들은 일제에 동원되었으나 비교적 양심적인 변호를 한 것으로 알려져 있다. 미즈노 기치타로는 1948년 문예지 「남국야화」에 사형 당시의 일을 기록으로 남기기도 하였다.

로써 판결하는 것이 타당할 것이오."

이때 시간이 다하여 재판관이 말하길, "내일모레 선고하겠다."하였다. 내가 생각하기로, '모레는 곧 일본국 4천 7백 만여 사람들의 무게를 달아 보는 날이다. 마땅히 경중 고하를 지켜보리라.' 하였다.

그날이 되어 재판소에 도착했다. 카오리 판사가 선고하였다.

"안중근을 사형에 처한다. 우덕순은 징역 3년, 조도선과 유동하는 각 징역 1년 반에 처한다."

검찰관이 주장했던 것과 똑같은 내용이었다. 또 공소 일자를 닷새 내로 한정하고 그 안에 다시 정하겠다 하고는 더는 말 없이 급히 판결을 마치고 흩어졌으니, 때는 1910년 경술년 정월 초삼일이었다.[55]

---

55 양력으로 1910년 2월 14일이다.

영웅의 마지막 순간

감옥으로 돌아와 스스로 생각했다.

'내가 예상했던 것에서 벗어나지 않는다. 예로부터 지금까지 허다한 충의지사가 죽기를 작정하여 충간忠諫하고 정략을 세웠던 것이 뒷날의 일에 들어맞지 않음이 없다. 지금 내가 동양의 정세를 염려하고 온 힘으로 헌신하여 계책을 세웠으나 끝이 났으니, 통탄한들 어찌리오. 그러나 일본의 사천만 인구가 크게 안중근을 외칠 날이 또한 머지않을 것이다. 동양 평화가 이렇게 찢겨지니, 백 년의 비바람이 어느 때에 그치려는가. 이제 일본의 당국자가 조금이라도 아는 것이 있다면 이와 같은 정책은 취하지 않을 것이다. 만일 염치와

공정한 마음이 있었더라면 어찌 이러한 행동을 하리오.

1895년(을미) 한국에 온 일본 공사 미우라三浦가 병사를 이끌고 궁궐을 침범하여 한국의 명성황후 민씨를 시해하였으나 일본 정부는 미우라에게 별다른 처벌을 내리지 않고 놓아주었다. 그 내막인즉 필시 명령을 내린 자가 있었기 때문인 것이 명백하지 않은가. 그러나 지금에 이르러 내 일에 대해 말하자면, 비록 개인 간의 살인죄라 하더라도 미우라의 죄와 나의 죄 중 무엇이 가볍고 무엇이 무거운가? 가히 머리가 깨지고 쓸개가 찢어질 상황이라 할 만하다. 내가 무슨 죄가 있으며, 무슨 잘못을 범하였는가?'

천 번 만 번 생각하다가 문득 크게 깨달은 바가 있어 박장대소하며 말했다.

"나는 과연 중대한 죄인이로다. 나에게 다른 죄가 있는 것이 아니라, 내가 어질고 약한 한국 인민이 된 죄로다."

그러자 의문이 풀리고 마음이 편해졌다.

그 뒤에 형무소장 구리하라 씨가 특별히 소개해 주어 고등법원장인 히라이시平石[56] 씨와 면회하였다. 대화를 나누던 중 내가 사형 판결에 불복하는 이유를 대강 설명하고, 동

양 정세의 관계와 평화 정책에 대한 의견을 말해 주니 고등
법원장이 듣기를 마치고 감탄하며 말했다.

"나는 그대에게 무척 공감하지만, 정부 주권의 기관이라
바꿀 수 없으니 어찌하랴. 그대가 말한 의견을 정부에 꼭 전
하리라."

나도 그 말을 듣고 속으로 칭찬하며 '이같이 공정하고 바
른 의견이 귀를 스치니 살면서 두 번 듣기 어려운 말이로다.
이처럼 공정하고 의로운 사람 앞이라면 목석이라도 감복하
겠구나.' 하고 생각했다. 내가 다시 청했다.

"허락해 준다면 『동양평화론』 한 권을 저술하고 싶으니,
집행 일자를 한 달여만 늦추어 주면 어떻겠소."

고등법원장이 대답했다.

"한 달뿐이겠소. 수 개월이 걸리더라도 특별히 허가할 테
니 심려치 마시오."

그러기에 감사 인사를 다 할 수 없었다. 면회에서 돌아오
고 난 뒤 공소권 청구를 포기했다. 다시 공소한다 해도 아무

---

56 히라이시 요시토平石義人는 안중근 재판의 총책임자였다. 일제는 선고 이전
에 히라이시 고등법원장을 일본으로 소환해 재판에 대해 협의하였다.

이익이 되지 않을 것이 명약관화했을 뿐 아니라, 고등법원장의 말이 과연 진담이라면 더 생각할 필요도 없었기 때문이다. 이에『동양평화론』저술을 시작했다.[57]

이 당시 법원과 감옥소의 일반 관리들이 내가 직접 쓴 글씨로 필적을 남기고자 하여 비단과 종이를 수백 장씩 사 보내며 써 달라 하였다. 어쩔 수 없이 그리 훌륭하지 못한 나의 필법이 타인의 웃음거리가 될지도 염려치 못하고 매일 몇 시간씩 글씨를 썼다.

내가 이 감옥에 있은 뒤로 특히 친하게 지낸 친구가 둘 있었으니, 부장 아오키靑木 씨와 간수 다나카田中 씨였다. 아오키 씨는 성품이 인후하고 공평하였으며, 다나카 씨는 한국어에 능통하였다. 내 일거수일투족을 이 두 사람이 돌보아 주지 않음이 없어서, 나는 두 사람에게 형제와 같은 정을 느꼈다.

이때 천주교회의 전도사인 홍 신부가 나의 영생 영락을 위한 성사를 해 주기 위하여 한국에서부터 여기까지 왔

---

[57] 그러나 안중근의 요청은 끝내 받아들여지지 않았고,『동양평화론』은 서문과 본문 일부만이 저술된 채 미완성으로 남았다.

다.[58] 나와 상봉하여 만나니 꿈인 듯 술에 취한 듯하여 기쁨에서 헤어 나오기 어려웠다. 그분은 본래 프랑스 사람으로, 수도 파리의 동양전교회에서 신학교를 졸업한 뒤 동정을 지키고 신품성사神品聖事를 받아 신부가 되었다. 신부님은 재주가 출중하고 박학하여 아는 것이 많으며 영어, 프랑스어, 독어와 로마의 고어까지 통달하지 않은 것이 없었다. 1890년경 한국에 와서 경성과 인천항에 몇 년간 살다가, 그 뒤 1895년경에 다시 해서와 황해도 일대로 내려와 전교할 때 내가 입교하여 영세받은 이후로 함께하였다. 지금 이곳에서 다시 만날 줄 누가 생각했으랴! 신부님은 연세가 53세셨다. 이때 홍 신부가 나에게 천주교의 진리를 설교하시고, 다음 날 고해 성사를 해 주셨다. 또 그 다음 날 아침에 감옥에 와서 미사 성제 대례를 드렸다. 내가 복사로 미사 성제와

---

58 빌렘(Willhelm, 한국명 홍석구) 신부. 이 당시 조선교구장 뮈텔 주교는 정치적 사안이라 하여 안중근을 위한 신부 파견을 거절했지만, 안중근과 친분이 두터웠던 빌렘 신부는 금지 명령에도 불구하고 뤼순감옥에서 안중근의 종부성사를 거행하고 이로 인해 2개월 간 성무 집행 정지 처분을 받는다. 결국 안중근 일가와 가까웠다는 이유로 뮈텔 주교와 불화한 끝에 1914년 프랑스로 돌아가지만, 1919년 베르사이유 협상 당시 한국 독립을 위해 파리를 방문한 한국측 대표 김규식을 도왔다고 한다.

성체 성사를 모시고 천주님의 큰 복과 특별한 은혜를 받았으니, 감사를 이루 다할 수 있겠는가.[59] 이때 감옥소의 일반 관리들도 와서 참석하였다.

다음 날 홍 신부가 오후 2시경에 다시 와서 말했다.

"오늘 한국으로 돌아가야 해서 작별 인사차 왔네."

서로 몇 시간가량 대화를 나누고 악수하며 이별해야 할 때 나에게 말하였다.

"인자하신 천주께서 자네를 버리지 않으시고 반드시 구원하실 것이다. 염려하지 말고 마음 편안히 먹고 있어라."

마침내 손을 들어 나를 향해 강복하고는 작별하고 떠났다. 이때가 1910년 경술년 2월 초1일 오후 2시경이었다.[60]

---

59 가톨릭의 의례인 미사를 미사 성제, 곧 하느님께 드리는 거룩한 제사라고 부른다. 복사는 신자 가운데 집전하는 사제를 보조하는 역할을 맡는 사람을 말한다. 성체 성사는 예수의 몸을 상징하는 빵(영성체)을 받아먹는 의식을 뜻한다.
60 양력 3월 11일.

이상이 안중근의 32년간 역사의 대강이다.

1910년 음력 2월 초5일, 양력 3월 15일

뤼순 감옥에서 대한국인 안중근 쓰다.

"내가 죽은 뒤에 나의 뼈를 하얼빈 공원 뒤에

묻어 두었다가 우리 국권이 회복되거든

고국으로 반장해다오. 나는 천국에 가서도 또한

마땅히 우리나라의 회복을 위해 힘쓸 것이다.

너희들은 돌아가서 동포들에게 모두 각각 나라의

책임을 지고 국민 된 의무를 다하며

마음을 같이하고 힘을 합하여 공로를 세우고

업을 이루도록 일러 다오.

대한 독립의 소리가 천국에 들려오면

나는 마땅히 춤추며 만세를 부를 것이다."

———— 안중근 의사의 마지막 유언

동양평화론

東洋平和論

서문

대저 합하면 성공하고 흩어지면 패망한다는 것은 만고에 분명히 정해져 있는 이치이다. 지금 세계는 동서東西로 나뉘어져 있고 인종도 각각 달라 서로 경쟁하고 있다. 일상생활에서의 이기利器 연구 같은 것을 보더라도 농업이나 상업보다 대단하며 새 발명인 전기포電氣砲, 비행선飛行船, 침수정浸水艇은 모두 사람을 상하게 하고 물物을 해치는 기계이다.

청년들을 훈련하여 전쟁터로 몰아넣어 수많은 귀중한 생명들을 희생犧牲처럼 버리고 피가 냇물을 이루고 고기가 질편히 널려짐이 날마다 그치질 않는다. 삶을 좋아하고 죽음을 싫어하는 것은 모든 사람의 상정이거늘 밝은 세계에 이 무슨 광경이란 말인가. 말과 생각이 이에 미치면 뼈가 시리고 마음이 서늘해진다.

그 근본을 따져 보면 예로부터 동양 민족은 다만 문학文學에만 힘쓰고 제 나라만 조심해 지켰을 뿐이지 도무지 구주歐洲의 한치 땅이라도 침입해 뺏지 않았다. 이는 5대주大洲 위의 사람이나 짐승 초목까지 다 알고 있는 바이다.

그런데 구주의 여러 나라들은 가까이 수 백년 이래로 도덕道德을 까맣게 잊고 날로 무력을 일삼으며 경쟁하는 마음을 양성해서 조금도 기탄하는 바가 없다. 그중 러시아가 더욱 심하다. 그 폭행과 잔해殘害함이 서구西歐나 동아東亞에 어느 곳이고 미치지 않는 곳이 없다. 악이 차고 죄가 넘쳐 신神과 사람이 다같이 성낸 까닭에 하늘이 한 매듭一期을 내려 동해 가운데 조그마한 섬나라인 일본으로 하여금 이와 같은 강대국인 러시아를 만주 대륙에서 한 주먹으로 때려 눕히게 하였다. 누가 능히 이런 일을 헤아렸겠는가. 이것은 하늘에 순하고 땅의 배려를 얻은 것이며 사람의 정에 응하는 이치이다.

당시 만일 한韓·청淸 양국 인민이 상하가 일치해서 전날의 원수를 갚고자 해서 일본을 배척하고 러시아를 도왔다면 큰 승리를 거둘 수 없었을 것이어늘 어찌 예상을 했겠는가. 그러나 한·청 양국 인민은 이와 같은 행동이 없었을 뿐만 아니라 도리어 일본 군대를 환영하고 운수, 치도治道, 정탐 같은 일에 수고로움을 잊고 힘을 기울였다. 이것은 무슨 이유인가. 두 가지 큰 사유가 있다.

일본과 러시아가 개전할 때, 일본 천황의 선전 포고하는 글에 "동양 평화를 유지하고 대한 독립을 공고히 한다."라고 했다. 이와 같은 대의大義가 청천백일靑天白日의 빛보다 더 밝았기 때문에 한·청 인사는 지혜로운 이나 어리석은 이를 막론하고 일치동심해서 복종했음이 그 하나이고, 일본과 러시아의 다툼이 황색인종黃色人種의 경쟁이라 할 수 있으므로 지난날의 원수진 심정이 하루아침에 사라져 버리고 도리어 하나의 큰 인종 사랑하는 무리一大愛種黨를 이루었으니 이도 또한 이정의 순서라 가히 합리적인 이유의 다른 하나이다.

쾌하도다 장하도다. 수백년래 행악하던 백인종의 선봉을 한 북소리로 크게 부수었다. 가히 천고의 희한한 일이며 만

방이 기념할 자취이다. 당시 한·청 양국의 뜻있는 이들이 기약치 않고 함께 기뻐해 마지않은 것은 일본의 정략政略이나 일해쳐 나감이 동서양 천지가 개벽한 뒤로 가장 괴걸魁傑한 대사업이며 시원스런 일로 스스로 헤아렸기 때문이었다.

슬프다. 천천만만 의외로 승리하고 개선한 뒤로 가장 가깝고 가장 친하며 어질고 약한 같은 인종인 한국을 억압하여 조약을 맺고, 만주 장춘長春 이남을 조차租借를 빙자하여 점거하였다. 세계 일반인의 머릿속에 의심이 홀연히 일어나서 일본의 위대한 성명聲名과 정대한 공훈이 하루아침에 바뀌어 만행을 일삼는 러시아보다 더 심하게 보게 되었다.

슬프다. 용호龍虎의 위세로서 어찌 뱀이나 고양이 같은 행동을 한단 말인가. 그와 같이 만나기 어려운 좋은 기회를 다시 찾은들 어떻게 얻을 것인가. 아깝고 통탄할 일이로다. '동양 평화', '한국 독립'의 단어에 이르러서는 이미 천하만국의 사람들 이목에 드러나 금석金石처럼 믿게 되었고 한·청 양국 사람들의 간뇌肝腦에 도장 찍혀진 것이다. 이와 같은 문자 사상은 비록 천신의 능력으로서도 마침내 소멸시키기 어려울 것이거늘 하물며 한두 사람의 지모智謀로 어찌 능히 말살할 수 있겠는가.

지금 서양 세력이 동양으로 뻗쳐오는 화난을 동양 인종이 일치단결해서 극력 방어해야 함이 제일의 상책上策임을 비록 어린아이일지라도 익히 아는 일이다. 그런데도 무슨 이유로 일본은 이러한 순연順然한 형세를 돌아보지 않고 같은 인종인 이웃나라를 깎고 우의友誼를 끊어 스스로 방휼蚌鷸의 형세를 만들어 어부漁夫를 기다리는 듯하는가. 한·청 양국인의 소망이 크게 절단되어 버렸다.

만약 정략을 고치지 않고 핍박이 날로 심해진다면 부득이 차라리 다른 인종에게 망할지언정 차마 같은 인종에게 욕을 당하지 않겠다는 의론이 한·청 양국인의 폐부肺腑에서 용솟음쳐서 상하 일체가 되어 스스로 백인白人의 앞잡이가 될 것이 명약관화한 형세이다.

그렇게 되면 동양의 몇 억 황인종 중의 허다한 유지와 강개 남아가 어찌 수수방관袖手傍觀하고 앉아서 동양 전체의 까맣게 타 죽는 참상을 기다릴 것이며 또한 그것이 옳겠는가. 그래서 동양 평화를 위한 의전義戰을 하얼빈에서 개전하고 담판談判하는 자리를 여순구旅順口에 정했으며 이어 동양 평화 문제에 관한 의견을 제출하는 바이다. 제공諸公은 눈으로 깊이 살필지어다.

1910년 경술 2월
대한국인 안중근 여순 옥중에서 쓰다

전감前鑑 [1]

예로부터 지금에 이르기까지 동서남북의 어느 주洲를 막론하고 헤아리기 어려운 것이 대세大勢의 번복飜覆이고 알 수 없는 것은 인심의 변천이다. 지난날(甲午年, 1894년) 일·청전역日淸戰役을 보더라도 그때 조선국의 서절배鼠竊輩 동학당同學黨의 소요로 인연해서 청·일 양국이 동병해서 건너왔고 무단히 개전開戰해서 서로 충돌하였다. 청국이 패해 일본이 이기고 승승장구, 요동遼東의 반을 점령하였다. 요험要險인 여순旅順을 함락시키고 황해함대黃海艦隊를 격파한

---

1 앞사람이 한 일을 거울삼아 스스로를 경계한다. 여기서는 지난 역사를 되새겨 일본 군국주의의 무모함을 경계하자는 뜻이다.

후 마관馬關에서 담판을 열어 조약을 체결하여 대만臺灣을 할양받고 2억 원을 배상금으로 받기로 하였다. 이는 일본의 유신維新 후 하나의 커다란 기념사이다.

청국은 물자가 풍부하고 땅이 넓어 일본에 비하면 수십 배는 족히 되는데 어떻게 해서 이와 같이 패했는가. 예로부터 청국인은 스스로를 중화대국中華大國이라 일컫고 다른 나라를 오랑캐라 일러 교만이 극심하였으며 더구나 권신척족權臣戚族이 국권을 천농擅弄하고 신민臣民과 원수를 삼고 상하가 불화했기 때문에 이와 같이 욕을 당한 것이다.

일본은 유신 이래로 민족이 화목하지 못하고 다툼이 끊임이 없었으나 그 외교적 정쟁이 생겨난 뒤로는 집안싸움同室操戈之變이 하루아침에 화해가 되어 연합을 혼성하고 한 덩어리 애국당愛國黨을 이루었으므로 이와 같이 개가를 올리게 된 것이다. 이것이 이른바 친절한 외인外人이 다투는 형제보다 못하다는 것이다.

이때의 러시아의 행동을 기억할지어다. 당일에 동양함대東洋艦隊가 조직되고 프랑스·독일 양국이 연합하여 요코하마橫港 해상에서 크게 항의를 제출하니 요동반도遼東半島가 청국에 환부되고 배상금이 감액되었다. 그 외면적인 행동을 보면 가히 천하의 공법公法이고 정의라 할 수 있으나 그 내용을 들여다보면 호랑虎狼이의 심술보다 더 사납다.

불과 수년 동안에 민첩하고 교활한 수단으로 여순구旅順口를 조차租借한 후에 군항軍港을 확장하고 철도를 부설하였다. 이런 일의 근본을 생각해 보면 러시아 사람이 수십년 이래로 봉천 이남奉天以南 대련大連 여순 우장牛莊 등지에 부동항不凍港 한 곳을 억지로라도 가지고 싶은 욕심이 불같고 밀물 같았다. 그러나 감히 하수를 못한 것은 청국이 한번 영英·불佛 양국의 천진天津 침략을 받은 이후로 관동關東의 각진各鎭에 신식 병마兵馬를 많이 설비했기 때문에 감히 생심을 못하고 단지 끊임없이 침만 흘리면서 오랫동안 때가 오기를 기다리고 있었다. 이때에 이르러 셈이 들어맞은 것이다.

이때를 당해서 일본인 중에도 식견이 있고 뜻이 있는 자는 누구라도 창자가 갈기갈기 찢어지지 않았겠는가. 그러나 그 이유를 따져 보면 이 모두가 일본의 과실이다. 이것이 이른바 구멍이 있으면 바람이 생기는 법이요, 자기가 치니까 남도 친다는 격이다. 만일 일본이 먼저 청국을 침범하지 않았다면 러시아가 어찌 감히 이와 같이 행동했겠는가. 가위 제 도끼에 제 발 찍힌 격이다.

이로부터 중국 전체의 모든 사회 언론이 들끓었으므로 무술개변戊戌改變이 자연히 양성釀成되고 의화단義和團이 들고 일어났으며 일본과 서양을 배척하는 화난이 크게 치열해졌다. 그래서 8개국 연합군이 발해渤海 해상에 운집하여 천진天津이 함락되고 북경北京이 침입을 받았다. 청국 황제가 서안부西安府로 파천하는가 하면 군민軍民할 것 없이 상해를 입는 자가 수백만 명에 이르고 금은재화의 손해는 그 숫자를 헤아릴 수 없었다.

이와 같은 참화는 세계 역사상 드문 일이고 동양의 일대 수치일 뿐만 아니라 장래 황인종과 백인종 사이의 분열 경쟁이 그치지 않을 징조를 나타낸 것이다. 어찌 경계하고 탄식하지 않을 것인가.

이때 러시아 군대 11만이 철도 보호를 칭탁稱託하고 만주 경계상에 주둔해 있으면서 종내 철수하지 않으므로 러시아 주재 일본공사 율야栗野 씨가 혀가 닳고 입술이 부르트도록 폐단을 주장하였지만 러시아 정부는 들은 체도 않을 뿐 아니라 도리어 군사를 증원하였다. 슬프다, 일·러 양국 간의 대참화를 종내 모면하지 못하였도다. 그 근본을 논하면 필경 어디로 몰아갈 것인가. 이것이야말로 동양의 일대전철一大前轍이다.

당시 일·러 양국이 각각 만주에 출병할 때 러시아는 단지 시베리아 철도로 80만 군비軍備를 실어 내었으나 일본은 바다를 건너고 남의 나라를 지나 4, 5군단과 치중輜重 군량을 수륙水陸 병진으로 요하遼河일대에 수송했으니 비록 정산定算이 있었다고는 하지만 어찌 위험하지 않았겠는가. 결코 만전지책萬全之策이 아니요 참으로 낭전浪戰이라 할 수밖에 없다.

그 육군이 잡은 길을 보면 한국의 각 해구海口와 성경盛京, 금주만金州灣 등지로서 하륙下陸할 때는 4, 5천리를 지나온 터이니 수륙水陸의 괴로움을 말하지 않아도 짐작할 수가 있다.

이때 일본군이 다행히 연전연승은 했지만 함경도咸境道를 아직 벗어나지 못했고 여순구旅順口를 격파하지 못했으며 봉천奉天에서 채 이기지 못했을 즈음이다. 만약 한국의 관민

官民이 일치 동성同聲으로 을미년(乙未年, 1895년)에 일본인이 한국의 명성황후明成皇后 민씨閔氏를 무고히 시해한 원수를 이때 갚아야 한다고 사방에 격문을 띄운 뒤 일어나고 함경·평안 양도 사이에 있는 러시아 군대가 생각하지 못한 곳을 찌르고 나와 전후좌우로 충돌하며, 청국도 또한 상하가 협동해서 지난날 의화단義和團 때처럼 들고 일어나 갑오년甲吾年, 청일전쟁淸日戰役의 묵은 원수를 갚겠다고 하면서 북청北淸 일대의 인민이 폭동을 일으키고 허실虛實을 살펴 방비 없는 곳을 공격하며 개평盖平 요양遼陽 방면으로 유격 기습을 벌여 나아가 싸우고 물러가 지킨다면 일본군은 남북이 분열되고 복배腹背에 적을 맞아 사면으로 포위당한 비감悲感을 면하기 어려웠을 것이다.

만일 이러한 지경에 이르렀다면 여순旅順 봉천奉天 등지의 러시아 장졸들이 예기銳氣가 등등하고 기세가 배가倍加해서 앞뒤로 가로막고 좌충우돌했을 것이다. 그렇게 되면 일본군의 세력이 머리와 꼬리가 맞아떨어지지 못하고 치중輜重과 군량미를 이어 댈 방도가 아득해졌을 것이다. 그러하면 산현유붕山縣有朋 내목희전乃木希典 씨의 경략經略이 필히

무산되었을 것이며 또한 마땅히 이때 청국 정부와 주권자의 야심이 폭발해서 묵은 원한을 갚게 되었을 것이고 때도 놓치지 않았을 것이다.

이른바 만국공법萬國公法이라느니 엄정중립嚴正中立이라느니 하는 말은 모두 근래 외교가外交家의 교활한 무술誣術이니 족히 말할 바가 못 된다. 병불염사兵不厭詐, 출기불의出其不意, 병가묘산兵家妙算 운운하면서 관민官民이 일체가 되어 명분 없는 군사를 출동시키고 일본을 배척하는 상대가 극렬 참독慘毒해졌다면 동양 전체가 휩쓸 백년풍운百年風雲을 어떻게 할 것인가.

만약 이와 같은 지경이 되었다면 구주歐洲 열강이 다행히 좋은 기회를 얻었다 해서 각기 앞을 다투어 군사를 출동시켰을 것이다.

그때 영국은 인도·홍콩 등지에 주둔하고 있는 수륙水陸군대를 병진시켜 위해위威海衛 방면에 집결시켜 놓고는 필시 강경 수단으로 청국 정부와 교섭하고 캐어물을 것이다. 또 프랑스는 사이공 가달마도加達馬島에 있는 육군과 군함을 일시에 지휘해서 아모이 등지로 모여들게 했을 것이고, 미국, 독일, 벨기에, 오스트리아, 포르투갈, 희랍 등의 동양 순양 함대는 발해 해상에서 연합하여 합동 조약을 예비하고 이익을 균점할 것을 희망했을 것이다.

그렇게 되면 일본은 부득불 밤새워 전국의 군사비軍事費와 국가 재정財政을 통틀어 짠 뒤에 만주 한국 등지로 곧바로 수송했을 것이고 청국은 격문을 사방으로 띄우고 만주 산동 하남河南 형량荊襄 등지의 군대와 의용병을 급급 소집해서 용전호투龍戰虎鬪하는 형세로 일대풍운一大風雲을 자아냈을 것이다. 만약 이러한 형세가 벌어졌다면 동양의 참상은 말하지 않아도 상상하고도 남음이 있다.

이때 한·청 양국은 그렇게 하지 않았을 뿐만 아니라 오히려 약장約章을 준수하고 털끝만큼도 움직이지 않아 일본으로 하여금 위대한 공훈을 만주 땅 위에서 세우게 했다.

이로 보면 한·청 양국 인사의 개명開明 정도와 동양 평화를 희망하는 정신을 족히 알 수가 있다. 그러하니 동양의 일반 유지들의 일대一大 사량思量은 가히 뒷날의 경계가 될 것이다. 그런데 그때 일로전역日露戰役이 끝날 무렵 강화 조약講和條約 성립을 전후해서 한·청 양국 유지인사有志人士의 허

163

다한 소망이 다 절단되어 버렸다.

당시 일·러 양국의 전세를 논한다면 한 번 개전한 이후로 크고 작은 교전交戰이 수백 차였으나 러시아 군대는 연전연패連戰連敗해서 상심낙담이 되어 멀리서 모습만 바라보고서 달아났다. 일본 군대는 백전백승하고 승승장구하여 동으로는 블라디보스토크 가까이 까지 이르고 북으로는 하얼빈에 육박하였다. 사세가 여기까지 이른 바에야 기회를 놓쳐서는 안 될 일이었다. 이왕 벌인 춤이니 비록 전 국력을 기울여서라도 한두 달 동안 사력을 사해 진취進取하면 동으로 블라디보스토크를 뽑고 북으로 하얼빈을 격파할 수 있었음은 명약관화한 형세였다.

만약 그렇게 되었다면 러시아의 백년대계는 하루아침에 필시 토붕와해土崩瓦解의 형세가 되었을 것이다. 무슨 이유로 그렇게 하지 않고 도리어 은밀히 구구하게 먼저 강화를 청해 (화를) 뿌리째 뽑아 버리는 방도를 달성하지 않았는지 가위 애석한 일이다.

황차 일·러 담판을 보더라도 이왕이면 강화 담판할 곳을 의정議定하면서 천하에 어떻게 워싱턴이 옳단 말인가. 당일 형세로 말한다면 미국이 비록 중립中立으로 편벽된 마음이 없다고는 하지만 짐승들이 다투어도 오히려 주객이 형세가 있는 법인데 하물며 인종의 다툼에 있어서랴.

　일본은 전승국이고 러시아는 패전국인데 일본이 어찌 제 본뜻대로 정하지 못했는가. 동양에는 족히 합당할 만한 곳이 없어서 그랬단 말인가.

　소촌小村壽太郎 외상外相이 구차스레 수만리 밖 워싱턴까지 가서 강화 조약을 체결할 때에 화태도樺太島 반부半部를 벌칙 조항罰則條項에 넣은 일은 혹 그럴 수도 있어 이상하지 않지만 한국을 그 가운데 첨가해 넣어 우월권優越權을 갖겠다고 이름한 것은 근거도 없는 일이고 합당함을 잃은 처사이다. 지난날 마관馬關 조약 때는 본시 한국은 청국의 속방屬邦이므로 그 조약 중에 간섭이 반드시 있게 마련이지만 한·러 양국 간에는 처음부터 관계가 없는 터인데 무슨 이유로 그 조약 가운데 들어가야 한단 말인가.

　일본이 한국에 대해서 이미 큰 욕심을 가지고 있다면 어찌 자기 수단으로 자유로이 행동하지 못하고 이와 같이 구라파歐羅巴 백인종과의 조약 중에 첨입해서 영세永世의 문제로 만들었단 말인가. 도시 방책이 없는 처사이다. 또한 미국 대통령이 이왕 중재하는 주인으로 되었는지라 곧 한국이 구미 사이에 끼어 있는 것처럼 되었으니 중재주仲裁主가 필시 크게 놀라서 조금은 괴상하게 여겼을 것이다. 같은 인종을 사랑하는 의리로서는 만에 하나라도 승복할 수 없는 이치이다.

또한 (미국 대통령이) 노련하고 교활한 수단으로 소촌小村 외상外相을 농락하여 약간의 해도海島 조각 땅과 파선破船 철도 등 잔물殘物을 배상으로 나열하고서 거액의 벌금은 전폐全廢시켜 버렸었다. 만일 이때 일본이 패하고 러시아가 승리해서 담판하는 자리를 워싱턴에서 개최했다면 일본에 대한 배상 요구가 어찌 이처럼 약소했겠는가. 그러하니 세상일의 공평되고 공평되지 않음을 이를 미루어 가히 알 수 있을 뿐이고 다른 이유는 없다.

지난날 러시아가 동으로 침략하고 서쪽으로 정벌을 감행해 행위가 심히 가중하므로 구미열강이 각자 엄정 중립을 지켜 서로 구조救助하지 않았지만 이미 이처럼 황인종에게 패전을 당한 뒤이고 사태가 결판이 난 마당에서야 어찌 같은 인종으로서의 우의가 없었겠는가. 이것은 인정 세계의 자연스런 형세이다.

슬프다. 그러므로 자연의 형세를 돌아보지 않고 같은 인종 이웃 나라를 해치는 자는 마침내 독부獨夫의 판단을 기필코 면하지 못할 것이다.

(국가보훈처, 「안중근전기전집」, 윤병석, 사인코리아, 1999. 12. 20.에서 발췌)

안중근 연보

1879년 9월 2일(음력 7월 16일) 황해도 해주부 광석동에서 부친 안태훈, 모친 조 마리아 사이에서 장남으로 태어남. (1세)

1884년 안씨 일가 해주에서 황해도 신천군 두라면 청계동으로 이주함. 조부 안인수가 설립한 서당에서 한학 교육을 받음. (6세)

1886년 동생 정근 출생. (8세)

1889년 동생 공근 출생. (11세)

1891년 여동생 성녀 출생. (13세)

1892년 조부 안인수 별세. (14세)

1894년 황해도 재령군 향반 김홍섭의 딸 아려(17세)와 결혼함. 황해도 지역 동학군에 대항해 부친 안태훈이 조직한 신천의려군 선봉장으로 출전하여 용맹을 떨침. 부친의 초청으로 청계동에 온 백범 김구와 상면함. (16세)

1896년 부친 안태훈, 동학당으로부터 빼앗은 군량미 문제로 천주교 종현(명동) 성당으로 피신하였다가 청계동으로 귀향함. (18세)

1897년 안중근을 비롯한 안태훈 일가가 홍석구 신부J.Wilhelm, 빌렘로부터 세례를 받음. (19세)

1899년 전 참판 김중환이 옹진군민의 돈 5천 냥을 갈취한 문제 해결을 위한 총대로 선출됨. 뮈텔 주교에게 대학 설립 건의, 받아들여지지 않자 프랑스어 학습 단념. 안중근 만인계 채표 회사 사장 취임. (21세)

1902년 장녀 현생 출생. (24세)

1905년 안중근 부친과 상의하여 독립 기지 건설을 위해 중국 산둥반도, 상하이를 방문함. 부친 안태훈 사망. 안중근 귀국. 장남 분도 출생. (27세)

1906년 안중근 일가 진남포 용정동으로 이주함. 삼흥학교 설립. 돈의학교를 인수하여 경영함. (28세)

1907년 서북학회에 가입하고 국채보상운동에 참가, 석탄 광산 사업을 위한 삼합회(한재호, 송병운과 동업) 설립함. 고종의 강제 퇴위와 군대 해산을 목격하고 부상자들을 제중원(세브란스병원)에 입원시킴. 2남 준생 출생. 망명을 결심하고 부산─원산─청진─회령을 거쳐 두만강을 건너 간도에 김동억과 함께 도착함. 간도 용정을 중심으로 동포들의 상황을 시찰하고 명동촌 선바위 부근에서 사격 연습을 함. 종성, 경흥을 거쳐 포시에트에서 블라디보스토크로 감. 이곳에서 계동청년회에 가입하고 임시 사찰로 활약함. 수청에서 엄인섭, 김기룡과 결의형제를 맺음. (29세)

1908년 「해조신문」에 〈인심결합론〉을 발표. 동의회(총장 최재형, 부총장 이범윤, 회장 이위종, 부회장 엄인섭) 평의원으로 참가함. 국내 진공 작전을 실시하였으나 실패, 의병 부대(총독 김두성, 대장 이범윤) 중 최재형 부대 우영장으로 참가함. 이강이 설립한 블라디보스토크 공립 협회 회원으로 활동함. (30세)

1909년 (31세)

2월 15일 일심회 발기

3월 2일 김기룡 등 11인과 단지동맹 결성.

10월 18일 이토 일본을 출발, 요동반도 대련항에 도착함.

10월 19일 안중근, 연추를 떠나 블라디보스토크에 도착. 이치권 집에 머물면서 이토의 만주 방면 시찰 소식을 들음.

10월 20일 대동공보사에서 이토의 만주 시찰을 확인함. 거사 자금 100원을 이석산(이진룡)으로부터 강제 차용함. 우덕순과 이토 처단 계획을 합의함.

10월 21일 8시 30분 열차로 블라디보스토크를 떠남. 도중 포브라니치

나야에서 한의사 유경집의 아들 유동하를 러시아어 통역으로 대동하고 10시 34분에 하얼빈으로 출발.

10월 22일 오전 9시 15분경 안중근 일행 하얼빈 역에 도착하여 유동하의 사돈 김성백의 집에 숙박함. 이토는 뤼순을 거쳐 봉천(심양)에 도착.

10월 23일 안중근, 김성백 집에서 이토의 만주 방문 기사가 게재된 「원동보」를 읽음. 오전에 이발을 하고 우덕순, 유동하와 함께 중국인 사진관에서 사진을 찍음. 김성옥 집에 유숙하던 조도선을 방문. 정대호가 안중근 가족을 대동하고 하얼빈에 오는 것을 마중하기 위해 통역이 필요하다고 요청함. 이날 저녁 안중근 거사 자금 차용과 관련, 김성백에게 50원을 부탁하기 위해 유동하를 보냄. 이때 유동하는 갚을 방법을 요구. 이강에게 거사 계획과 차용금을 갚아 달라는 편지를 안중근, 우덕순이 연명함.

10월 24일 안중근, 우덕순, 조도선이 함께 우편열차를 타고 남행, 채가구(지야이지스고) 역 도착. 유동하에 채가구 도착을 알리고 일이 있으면 전보를 치라고 타전함. 유동하, 이튿날 아침 이토가 도착한다는 내용을 전보로 보냄. 안중근, 우덕순과 이토 저격 거사에 대해 논의.

10월 25일 안중근, 채가구를 떠남.

10월 26일 안중근, 7시 경 하얼빈 역 도착. 이토 일행, 9시 15분에 열차에서 하차 9시 30분 안중근, 러시아 의장대 사열 후 일본 환영단으로 향하던 이토에게 3발을 발사하여 즉석에서 처단하고 수행원에게 3발을 발사하여 부상을 입힘. 이때 러시아 군인이 덮치자 권총을 떨어뜨리고 "코레아 우라!"를 세 번 외침. 이토는 10시에 절명함. 안중근, 하얼빈 역 구내에서 러시아 관헌으로부터 조사받음. 러시아 당국, 11시 35분에 안중근을 일제에 인도키로 결정함. 11시 55분 채가구에 있던 우덕순, 조도선 체포당함.

10월 27일 일본 외상 고무라 주타로, 안중근 재판을 관동도독부로 넘

김. 「대한매일신보」, 안중근 의거를 국내에 소개함.

10월 30일 미조부치 검사, 안중근 1회 신문.

11월 1일 안중근 외 9명 뤼순으로 출발.

11월 3일 안중근 외 9명 뤼순 감옥에 수감됨. 일본 외무성 정무국장 구라치가 뤼순에 도착.

11월 4일 도쿄에서 이토 장례식이 거행됨.

11월 6일 안중근, 〈안중근소회〉 제출.

11월 8일 일본외상 고무라, 안중근에 일본 형법 적용 지시.

11월 14일 미조부치 검사, 안중근 2회 신문.

11월 15일 미조부치 검사, 안중근 3회 신문.

11월 16일 미조부치 검사, 안중근 4회 신문.

11월 17일 미조부치 검사, 유동하, 안중근 대질 신문.

11월 18일 미조부치 검사, 안중근 5회 신문, 우덕순, 유동하 대질 신문.

11월 19일 미조부치 검사, 안정근과 안공근 신문.

11월 22일 조선총독부 사카이境 경시를 뤼순 감옥으로 파견하여 신문을 개시함.

11월 24일 미조부치 검사, 안중근 6회 신문. 안중근과 정대호 대질 신문.

11월 26일 미조부치 검사, 안중근 7회 신문. 사카이 경시, 안중근 1회 신문.

11월 27일 사카이 경시, 안중근 2회 신문.

11월 29일 사카이 경시, 안중근 3회 신문.

12월 1일 사카이 경시, 안중근 4회 신문. 미하이로프 변호사, 안중근과 면담하고 변호계 제출.

12월 2일 사카이 경시, 안중근 5회 신문.

12월 3일 사카이 경시, 안중근 6회 신문.

12월 4일 사카이 경시, 안중근 7회 신문.

12월 5일 사카이 경시, 안중근 8회 신문.

12월 6일 사카이 경시, 안중근 9회 신문.

12월 9일 사카이 경시, 안중근 10회 신문. 안중근과 유동하 대질 신문.

12월 10일 사카이 경시, 안중근 11회 신문.

12월 11일 사카이 경시, 안중근 12회 신문.

12월 13일 안중근, 『안응칠 역사』 기술 시작.

12월 16일 사카이 경시, 안정근과 안공근 신문.

12월 20일 미조부치 검사, 안중근 8회 신문.

12월 21일 미조부치 검사, 안중근 9회 신문. 사카이 경시, 안중근 13회 신문.

12월 22일 미조부치 검사, 안중근 10회 신문.

1910년 (32세)

1월14일 블라디보스토크 한인촌에서 안유족구제공동회 개최됨.

1월 26일 미조부치 검사, 안중근 11회 신문.

2월 1일 안병찬, 정근, 공근 형제가 안중근을 면회함.

2월 6일 사카이 경시, 안중근 14회 신문.

2월 7일 제1회 공판.

2월 8일 제2회 공판.

2월 9일 제3회 공판. 더글러스 변호사, 야마토 호텔에서 재판의 부당성에 대한 기자 회견 가짐.

2월 10일 제4회 공판. 미조부치 검사, 안중근에게 사형을 선고함. 우덕순에게 징역 3년, 조도선과 유동하에게 징역 1년 6월이 구형됨.

2월 12일 제5회 공판.

2월 13일 안명근, 뤼순 도착.

2월 14일 제6회 공판, 안중근 사형 언도.

2월 15일 안중근, 안병찬을 통해 동포에게 유언을 알림.

2월 17일 안중근, 히라이시 고등법원장과 면담함. 동양평화론을 설파함. 『동양평화론』 집필을 시작.

3월 7일 홍석구 신부, 뤼순에 도착.

3월 8일 홍 신부, 안공근 등을 대동, 안중근을 면회.

3월 9일 홍 신부, 두 번째 안중근 면회.

3월 10일 홍 신부, 세 번째 안중근 면회. 종부성사를 청함.

3월 11일 홍 신부, 마지막 안중근 면회.

3월 15일 안중근, 『안응칠역사』를 탈고.

3월 24일 안중근, 유서 6통을 작성.

3월 25일 안정근과 안공근이 미즈노, 가마타 두 변호사와 면담.

3월 26일 안중근, 동양 평화를 유언으로 남기고 뤼순 감옥에서 순국함.

공동묘지에 묻힘. 안정근, 안공근이 안중근 유해 인도를 요구하나 감옥 당국으로부터 거부당함.

3월 28일 만주일일신문사에서 안중근 공판 기록을 발행.

4월 2일 안중근 추모회가 블라디보스토크 한인들에 의해 개최.

1911년 2월 20일 2월 20일부터 4회, 블라디보스토크 개척리 한인 학교에서 안중근 연극이 상연.

3월 26일 블라디보스토크 한인 학교에서 안중근 추도회가 개최됨.

1923년 상하이 한중호조사韓中互助社에서 안중근 연극이 상연됨.

1928년 안중근을 다룬 정기탁 감독의 영화 '애국혼'이 상하이에서 상영됨.

1946년 3월 26일 안중근 의사 순국 37주년 기념식이 서울운동장에서 10만 군중이 모인 가운데 거행